歷史「勢」件簿

編著——
李人豪，肖勝平

你該學習的權謀之術

英雄造時勢，要當就當掌握全局
的梟雄，別當落荒而逃的狗熊！

目錄

CONTENTS

CONTENTS

前言

　　一支箭本身沒有力量，但如果置於拉滿的強弓上，則可以傷人於百步之外。

　　一湖水看起來是靜謐的，但如果潰了堤，則其洶湧奔騰之勢可謂勢不可擋。

　　曾經觀看過高手對弈，跳馬出車飛象之間，全無殺氣。數十個回合後，但見一方神情愈來愈凝重。再走幾步，竟大汗淋漓，堅持片刻便拱手認輸。而一旁的我細觀棋局，怎麼也看不出輸家究竟輸在何處。年少氣盛的我替輸家不服，問輸的一方：「輸在何處？」輸家回答：「大勢已去！」我自告奮勇替輸家下完殘棋，幾步之後，果然局勢明朗，我方損兵折將，身陷泥潭。輸棋之後，仍不服，請求贏家允許我悔棋重下。得到允許後，把棋局恢復回我接盤時的狀態繼續對弈，結果再輸。如是者三，才明白什麼叫「大勢已去」。外行眼裡普普通通的幾顆棋子，在內行貌似隨意的布局下，居然逐漸形成一個天羅地網般的大氣陣勢。善奕者謀勢，不善奕者謀子。十七、十八世紀的中國統治者因陶醉於「康乾盛世」，而無視世界正在發生的歷史性大轉折，最後導致中華民族落後受到教訓，結果十分慘重。北魏賈思勰的《齊民要術》中說：「順天時，量地利，則用力少而成功多。」說

的是農務耕耘，但實際上也適用於世間的其他事務。

在「三十六計」中，有「樹上開花」一計。「樹上開花」的本意是：樹上的花朵順應枝條的走勢，能夠形成眼花撩亂的氣勢。人也可以在順應外界局勢時，精心排陣、巧妙布局，形成有利於自己的態勢。在這裡，編者祝福所有讀者都能在人生的樹上，開出最美麗的花朵！

肖勝平

第一章

謀事先謀勢 ——
謀勢總論

為什麼勢在必得？因為勢不可擋、勢如破竹。勢的力量，大得超乎你的想像。古人云：「善奕者謀勢，不善奕者謀子。」會下棋的人都了解這個道理。其實，下棋如此，經營人生又何嘗不是如此？有些人平常看起來不外顯、不表露，幾年之後卻好運連連，功成名就；而更多的人雖忙忙碌碌、東奔西跑，卻一直沒有出頭天的日子。這其中的差別無非在於：前者重「謀勢」，謀全局、謀長遠、謀天時地利人和，在看似無心之中排兵布陣，為自己布下一局棋勢宏大、局面有利的棋；而後者謀的是「事」，謀眼前、謀瑣事、謀微利，在看似有心之中心力交瘁，卻往往因小失大、路愈走愈窄。

　　人生順逆成敗，皆在於勢。謀優勢者順暢，謀大勢者功偉。且放手做勢，再因勢利導、水到渠成，天下還有什麼難成的事嗎？

謀勢還是謀事

　　在日常生活與工作中，常常面臨諸如「形勢極佳」或「大勢已去」之類的局面。形勢極佳時，一帆風順，百事易成；大勢已去時，舉步維艱，處處掣肘。「勢」對事情的成敗乃至人生的得失，有至關重要的作用。

　　「勢」成為一個概念，最早出現在春秋末期的《孫子兵法》中。在〈兵勢〉篇中對「勢」的闡述有：「激水之疾，至於漂石者，勢也。」這段話的意思是：湍急的流水迅猛地奔流，以致能把巨石沖走，是因為它的流速飛快形成的勢。又云：「故善戰人

之勢，如轉圓石於千仞之山者，勢也。」孫子認為，就像把圓石從萬丈高山上推滾下去那樣，就是所謂的「勢」。由此我們不難看出，孫子所謂的「勢」，是指形勢、態勢、氣勢等，是一種不可抗拒的趨勢。

故善戰者，求之於勢也 —— 這是睿智的孫子留給我們的諄諄教誨。勢成則乘勢而上、勢不可擋、事半功倍；勢敗則勢如山倒、大勢已去、事倍功半。總之，勢是一個立體的環境，而事是處於這個環境中的某一個點而已。

謀勢者，善於明勢、造勢、乘勢、因勢、借勢、蓄勢，力之所至，勢如破竹；謀事者則拘泥於瑣事，難免「一葉障目，不見泰山」，得到的往往只是眼前的微利，卻可能損失了將來的厚報。

孟子在《孟子‧公孫丑上‧第一章》引齊人之言說：「雖有智慧，不如乘勢；雖有鎡基，不如待時。」

天下潮流，浩浩蕩蕩，順勢者昌，逆勢者亡。唯有謀勢者才能站得高、看得遠，高屋建瓴，縱橫捭闔。不謀勢或不善謀勢，必然招致衰落和滅亡。大到國家，小到企業、個人，都適用這一規則。晚清的統治者，因為陶醉在「我大清」的虛幻驕傲與無知中，無視國外的先進制度以及科學技術，對外閉關自守，對內愚弄百姓，不知順應局勢自我變革，在逆勢而行的歷史潮流中塗抹了中華民族最為慘痛的一頁歷史，教訓十分慘重。今天，我們工作、處理事情也是這樣，正確掌握「勢」就能事半功倍，達到預期的目的；與「勢」不符，輕則事倍功半，重則貽誤時機。武侯祠中有一楹聯曰：「不審勢即寬嚴皆誤，後來

治蜀要深思」，就是這個意思。認清形勢、總攬全局，總而言之就是要有一種謀勢的意識、謀勢的眼光、謀勢的水準。

謀劃局勢、掌握大勢、順應趨勢，是為了乘勢，這樣才能搶占先機，謀出新局面，創出新境界。

謀勢謀些什麼

「上兵伐謀」。謀勢的實質涵意是謀求對己有利的態勢。什麼樣的態勢對己有利呢？

在《荀子‧王霸篇》中，荀子認為謀勢需：「（農夫）上不失天時，下不失地利，中得人和，而百事不廢。」而與荀子身處同時代的孟子，對於天時、地利與人和也極為注重，他曾有「天時不如地利，地利不如人和」之說。荀子所議之事是農事，其「天時」是指農時，「地利」是指土壤肥沃，「人和」是指人的分工。認為農夫能依照農事安排耕作，配合土地肥沃種植，加以合理的農業分工，便能使農事順利、豐衣足食。孟子所議之事是戰爭，其「天時」指的是作戰的時機、氣候，「地利」是指山川險要、城池堅固，「人和」則是指人心所向、內部團結。

套用於人生的謀勢，「天時」我們可以理解為社會的時勢、潮流以及社會變遷的趨勢，「地利」可以理解為身處有利的環境，「人和」則可以理解成人際關係和諧、人心所向。

「天時」並非指看不見、摸不著的神祕東西，時勢、潮流是可以辨別的，而社會變遷的趨勢是可以預測的。因此，謀勢要

建立在辨勢與預勢的基礎上。只有看清當下的形勢，才能順應形勢。也只有預測未來的形勢，才能做到未雨綢繆。

有句話可以幫助我們理解「地利」——「樹挪死，人挪活。」人要怎麼挪？從臺南到臺北是挪；從甲公司到乙公司也是挪；從 A 職業到 B 工作還是挪。人為什麼一挪就「活」？那是因為他挪到了一個更適合自己發揮與發展的環境。當然，不是表示人只要「挪」就能活，只有挪到適合自己的地方才能「活」。

「人心齊，泰山移。」在中華傳統世界觀裡，「人和」是最重要的。孔子曰：「和為貴」，孟子曰：「天時不如地利，地利不如人和」。為什麼人和是最重要的呢？古人是從人力的角度，來強調人和的重要性。《荀子・王制》說：「水火有氣而無生，草木有生而無知，禽獸有知而無義，人有氣、有生、有知，亦且有義，故最為天下貴也。力不若牛，走不若馬，而牛馬為用，何也？曰：人能群，彼不能群也。人何以能群？曰：分。分何以能行？曰：義。故義以分則和，和則一，一則多力，多力則彊，彊則勝物；故宮室可得而居也。故序四時，裁萬物，兼利天下，無它故焉，得之分義也。」就是說個人的力量比不過牲畜，但牲畜卻被人所用，原因就在於人和（即眾人的全力）。用今天的話來說，就是個人的力量（體力和智力）是有限的，只有把有限的個人力量聯合起來，力量才是無限的。

天、地、人三者之間的關係，古往今來都是被人們所關注的。爭論誰最重要似乎很難有一個讓所有人滿意的答案，折衷的看法是三者並重，謀求最佳的綜合優勢應為上上選。

謀勢重在智謀

從字面上解釋，智的意思是智力、智慧、明智等；謀的意思是預謀、計謀、謀劃、謀略等。

人生很多成功常牽涉到人、財、物、環境等諸多條件的制約。在現實與成功之間，往往存在一段距離。在這段距離裡，除了較明確的現有條件和欠缺條件外，還有不少難以掌握的不確定因素。

謀勢需要解決的問題就是：發揮個人的聰明才智，謀劃出最佳局勢，來解決成功路途上的一切問題。

謀勢需要足智多謀。足智多謀的人，能有效地解決以下攸關謀勢成敗的三個問題：一是能對現有情況與條件的正確分析與判斷，二是能對未來和不確定因素的分析觀測，三是能找出好方法把現在、未來與目標連接起來。

成功者以智謀取勝，就是能面對現實與未來，作出較正確的分析與判斷，為成功路上可能遇到的種種問題想出各式各樣的解決辦法、方案，甚至是絕招，從而能順利地解決問題，達到目標。

那麼，要以智謀取勝，應具備哪些基本素養呢？

自古有謀勝無謀，良謀勝劣謀。為什麼有的人足智多謀，有的人卻少智乏謀呢？做同樣一件事，各有各的智謀方法，但為什麼有的人成功，有的人卻會失敗呢？

識廣智方高，有了廣博的相關知識和充足的相關訊息，我們就能對現實與問題分析判斷得更準確，對未來和不確定因素

預測得更正確。這是足智多謀的基礎。

試想，一個軍事指揮家，假若不懂地形知識、不懂帶兵用兵的方法、不懂基本武器的效力及用法、不知情事，怎麼可能產生好的軍事智謀呢？

諸葛亮足智多謀、神機妙算，被當成智慧的化身。那麼他的智謀來自哪裡呢？

來自他豐富廣博的知識和對當時形勢的充足訊息。

劉備三顧茅廬之前，諸葛亮隱居南陽隆中，躬耕讀書，廣交天下名士，鑽研各種兵書，探究天下大事，時間長達十年之久。他的〈隆中對〉對三國鼎立的判斷預測，便來自於廣博的知識與大量訊息的總合。之後他輔佐劉備，南北轉戰、建功立業，在戰爭中將兵法知識、天文地理知識與現實情況相結合，做出許多如「聯吳抗曹」、「草船借箭」、「空城計」等留傳千古的智謀計策。

任何好的智謀，都是相關知識與相關訊息綜合分析和判斷的結晶。所以，我們要以智取勝，就必須廣博地在相關知識和相關訊息上下功夫。

比如，一個企業的廠長或經理，如果想作出成功的智謀，就必須努力於獲取知識和訊息，這包括產品及市場方面、理財方面及人性等部分。

有一段時間，房地產蓬勃發展，讓一些具備這方面知識與訊息者，尤其是實際去實踐的人，都賺錢致富了，這便是例證。

如果說「識廣智高」重在「得智」的話，那麼，「深謀遠慮」則是重在「用智」了。「不謀萬世者，不足以謀一時，不謀全局

者,不足以謀一域」。而謀萬世、謀全局的立足點應該是對現時環境、條件的審度判斷。脫離現實的遠謀是空謀,而局限於現實,不謀長遠,不謀全局的人,就難以獲得大成功,算不上多謀了。因此,要審時度勢,深謀遠慮,就必須做到:

(1) 對現實環境條件和各種因素都有客觀的分析了解。

(2) 對各種因素的變化發展會帶來的形勢變化,要作出正確的預測分析。

(3) 為了長遠利益,不可斤斤計較一時一事的眼前得失,有所得可能會有所失。

勢與運的關係

世上總是有些人,他們好運連連、升遷迅速、聲名卓著、財源滾滾、心想事成,就算偶爾遇到小麻煩,也似乎只是上帝打了個盹,馬上就會清醒過來給予補償。上帝太照顧他們了。

運氣,這個不可捉摸的東西,過去人們總以為它是上天的安排。運氣總是從天而降,不期而至,是人力所無法掌握的。然而,只要仔細看看那些好運的人,你就會發現他們都有一些不變的共通點。

好運的人不斷讓自己處於十分有利的局面。換句話說,他們占了上風,謀了優勢。多年前留學美國的陳如馨博士「有幸」在佩珀代因大學(Pepperdine University)上過一門財政學。她的朋友們都不相信教授會在這門課程給她 A,他們認為她頂多只

能拿到 B。陳博士抓緊利用一切空閒時間去拜訪教授。毫無疑問，教授知道陳如馨很用功。教授很關照她，畢業時陳如馨如願得了 A。是她好運嗎？看起來好像是，可是她要是沒有表現出強烈的學習欲望，也不可能這麼幸運。教授根本不可能會認識陳如馨，更不會關照她的學業。陳如馨不只是在學習上很努力，還對師長很敬重。顯然，這些條件讓陳如馨處於幸運局面。

從那次起，陳如馨又擁有好幾次好運。她真的很幸運，例如，為了宣傳促銷自己的作品，她上了某些廣播和電視節目。當他人抱怨缺乏促銷機會或等待電話鈴響時，陳如馨卻忙著寄書、發新聞稿，向全國的製作人提供新點子，有時每天要做好幾次，連續好幾個月。陳如馨幸運嗎？當然是啦！可是她讓人們看到她已經做好充分的準備，並願意抓住每個機會，因此為自己創造了很多好運氣。

陳如馨有位同學也在企業界非常幸運。「他運氣真的很好」，每個人都這麼說。他在人們還沒起床前就到達辦公室；他記得自己是留學海外的遊子；他犯錯時願意道歉；他從不單獨居功，總是與人分享；他碰到好事時總是不忘對人說聲「謝謝」，而且在其他人全部放棄後他還不屈不撓。他很幸運，也是他讓自己處於幸運的位置。創造自己的機會，就好比在理想的環境中開墾一座花園。如果你能提供最肥沃的土壤、水分、陽光和空氣等條件，你的植物將會「更幸運」。如果你不做這些事，你還是有可能幸運，也可能會有很好的收成，但是機率卻小多了。

總而言之，好運的祕訣還是在努力謀勢，把自己放在有利的局勢中，只有這樣，好機會自然會青睞於你。

謀勢並非算計

盆成括剛當官，孟子就斷言他的死期到了。後來盆成括果然被殺了。難道孟子會看相算命？非也。孟子後來解釋說：盆成括這個人有點小聰明，但卻不懂得做正人君子的大道；這樣，小聰明也就足以傷害他自身了。

首先，善於算計的人，其實無非是懂得耍點小聰明罷了。小聰明從來就不能稱之為智，充其量只是一些小道、末技而已。小道、末技可以逞一時之能，但最終會禍及自身。《紅樓夢》中的王熙鳳，機關算盡太聰明，反誤了卿卿性命，也就是說聰明反被聰明誤。

其次，善於算計者往往工於心計，善於撥弄自己的小算盤，卻不願推己及人替別人著想。事實上，人與人間的利益有不少交集，交集的部分可以屬於自己也可以屬於他人，如果全部算計給自己，誰會那麼寬宏大量？在這種情況下，比你更精明的人一定會反過來算計你，讓你不得不「算來算去算自己」。和你一樣精明的人也不甘示弱，與你爭鬥，鹿死誰手暫且不談，光是要應付就足以把你累壞。而那些不如你或不屑於精明的人，他們雖然中你的算計，但人家也不笨，雖惹不起你，難道躲不了你嗎？勞心勞力，遍體鱗傷，眾叛親離——這種下場和你所得到的利益相比，孰重孰輕，不言自明。

再者，精於算計的人通常也是一個斤斤計較的人，把問題鑽進一事一物的細項裡，看重「小利」而忽視「大利」，斤斤計較卻不知輕重，機關算盡而本末倒置。為了眼前的一塊錢，錯

失將來的一百元，難道不是最愚昧的嗎？

最後，精於算計的人會活得很累。他們總是處處擔心、事事設防、時時警惕、小心翼翼。別人隨意說的話、做的事，也許沒有什麼目的，但過於精明的人就會敏感地「感覺」出什麼。等到晚上回到家裡，躺在床上也要細細思索，生怕別人有什麼謀劃會讓他吃虧。這樣，他在處理人際關係上就會顯得不誠實、不大方，甚至很造作。因此，我們碰到許多生活精明者，個性都不開朗，行為都很虛偽，神經都非常敏感。

明代大政治家呂坤以豐富的閱歷和對歷史的深刻洞察，寫了《呻吟語》這一千古處世奇書。書中說了一段非常精闢的話：「精明也要十分，只須藏在渾厚裡作用。古今得禍，精明人十居其九，未有渾厚而得禍者。今人之惟恐精明不至，乃所以為愚也。」

不要去耍小聰明，要有大智慧。真正有大智慧的人，往往是大智若愚的人。你大張旗鼓地為一兵一卒而拚命爭鬥，別人卻在不動聲色中架起當頭炮，布好連環馬，雙車也占取有利地形。他們謀了大勢，布了羅網，一切都在他們的掌控之中。

大勢不可違逆

歷史的車輪滾滾向前，社會的趨勢也是日益自由開放，技術的更新日新月異。這些都是「大勢」。一個人要成事，要先看清大勢，一切有違大勢的行為，不管你如何強硬，終會被大勢

輕而易舉地輾碎。這是個人認知渺小之所在。

所以，在袁世凱稱帝的那刻起，便注定他所謂的「帝業」是短命的。我們可以想像：如果袁氏不是在內外交迫中一命嗚呼地跌下龍椅，也必然會很快地在內外交迫的鬥爭中被趕下龍椅。一切獨裁者，終歸不會有好的下場；一切有違天下大勢的行為，結局無一不是以悲慘閉幕。

隋唐時期，魏公李密被王世充擊敗後，投奔唐高祖李淵。他對部下說：「我曾帶兵百萬而歸唐，主上肯定會幫我安排要職。」可是，李密歸唐後，李淵只是任命他為光祿卿、上柱國，封他為邢國公，都是虛職，與他的期望相去甚遠，讓他大失所望。朝中很多大臣對李密表示輕視，一些掌權的人還向他索賄，也讓他內心煩躁不滿。自視甚高的李密怎麼能忍受這種境遇呢，他的理想是當王，可是在人手底下，這怎麼可能呢？

李密的忠誠部下王伯當和李密談及歸唐後的感覺時，也頗有同感。他對李密說：「天下之事仍在魏公的掌握中。東海公在黎陽，襄陽公在羅口，而河南兵馬屈指可數。魏公不可以長久待在這裡。」王伯當的話正中李密之意，李密便想出一個離開長安的計策。

這天，李密向李淵獻策說：「山東的兵馬都是臣的舊部，請讓臣去招撫他們，以討伐東都的王世充。」李淵立即批准了李密的請求。

很多大臣勸李淵說：「李密狡猾而好變易，陛下派他去山東，猶如放虎歸山一樣，他必定會割據一方，不會回來了。」李淵笑著回答道：「李密即使叛離，也不值得我們可惜。他和王世

充水火不容，他們兩方爭鬥，我們正好可以坐收其利。」李密請求讓過去的寵臣賈閏甫與他同行，李淵不僅一口答應，還任命王伯當作李密的副手。

臨行時，李淵設宴送行，他和李密等人傳喝一杯酒，李淵說：「我們同飲這杯酒，表明我們同一條心。有人不讓你們去山東，朕真心待你們，相信你們不會辜負朕的一番心意。」

西元 618 年 12 月，李淵讓李密帶領手下的一半人馬出關，長史張寶德也在出徵人員的名單中。他察覺到李密的造反意圖，怕李密逃亡會連累自己，便祕密上書李淵，說李密一定會反叛。李淵收到張寶德的奏章，才改變了自己的想法，後悔讓李密出關。但他又怕驚動李密，便馬上派使者傳他的命令，讓李密的部下慢慢行進，李密單騎回朝受命。

李密對賈閏甫說：「主上曾說有人不讓我去山東，看來這話發揮作用了。我如果回去，肯定被殺，與其被殺掉，不如進攻桃林縣，奪取那裡的糧草和兵馬，再向北渡過黃河。如果我們能夠到達黎陽，大事肯定成功。」

賈閏甫說：「主上待明公甚厚，明公既然已經歸順大唐，為什麼又生異心呢？退一步說，即使我們攻下了桃林，又能成什麼氣候呢？依我看，明公應該返回長安，表明本來就毫無異心，流言自然就發揮不了作用了。如果還想去山東的話，不妨從長計議，再找機會。」

李密聽了賈閏甫的話覺得逆耳，生氣地說：「朝廷不給我割地封王，我難以忍受。主上據關中，山東就是我的。上天所賜，怎能不取，反而拱手讓人？賈公你一直是我的心腹，現在

怎麼不和我同一條心了呢？」

賈閏甫流著眼淚回答道：「明公殺了司徒翟讓，山東人都認為明公忘恩負義，誰還願意把軍隊交給明公呢？我若非蒙受明公的厚恩，怎麼肯如此直言不諱呢？只要明公安然無恙，我死而無憾！」李密聽了怒氣沖天，舉刀就砍向賈閏甫。王伯當等人苦苦勸諫，李密才住手。賈閏甫僥倖不死，就逃到熊州去了。

王伯當這時也覺得大勢已去，勸李密作罷，李密仍然不聽。王伯當於是說：「義士的志向是不會因為存亡而改變的，明公一定要起兵反唐，我將和明公同生共死，不過恐怕只是徒勞無功而已。」

於是，李密殺了朝廷的使者，第二天清晨，奪取了桃林縣城。李淵知道後，派軍隊進擊李密。在熊耳山，李密遭到伏擊，他和王伯當都在混戰中被殺死。

李密畢竟是個野心家，他本來是跟隨楊玄感反隋的，後來兵敗才投奔翟讓的瓦崗軍。為了獲得瓦崗軍的領導權，他又設計殺了翟讓，獨攬大權，擁兵百萬。與洛陽的王世充作戰失利後，李密帶了兩萬多人歸順李淵，他的手下都甘為人臣，安心地為唐朝做事。但他卻不甘心，因為他自視甚高，覺得自己有王者氣勢。而且，他相信圖讖，認為李家坐天下的說法指的是他，而不是李淵。其實他歸順唐朝以後，就應該擺正自己的位置，適應角色的轉變，可是，他的權力欲太強，才讓他做出錯誤的判斷，不合時宜地企圖「另立中央」，終於招致殺身之禍。

不占天時，不占地利，不占人和，可謂大勢已去。大勢已去卻偏要逆勢而行，又怎麼能成事呢？

大勢已去，就不要輕舉妄動。野心和志向終歸不是一件事！

北宋名臣論勢

幸運的是，北宋初期的名臣薛居正對「勢」有很深的研究和心得，他把看似玄奧難解的「勢」作了通俗實用的論述與解析，其抽絲剝繭的功力和化繁為簡的智慧，令今人也為之讚嘆。

薛官至宰相，在宰相位上坐了十八年，一直是皇上非常信任的人。薛居正曾寫《勢勝學》，告訴有權者如何行權、無權者如何取勢、富貴者如何守業、貧賤者如何進取。儘管因為社會格局不同，他的一些見解未必現在仍然適用，但以「勢」的角度推解卻很獨到，其價值當然有實質意義，對今人的啟發也是不可替代的。

成大事者不能只依靠自己的才智和能力，更重要的是要強化思維能力，放眼全局，掌控大局，如此才不會出現大的失誤。細節決定成敗，大勢決定生死，正如《勢勝學》中所言：「不知勢，無以為人也。」

我們一般人的生活更易受到「勢」的影響和左右，倘若處置不當，只會更加艱難。良好的生存環境需要開闢，有效的生存技巧需要挖掘，而做好這一切的首要前提，便是《勢勝學》所倡導的「未明之勢，不可臆也。彰顯之勢，不可逆耳」。

《勢勝學》一書給予強者的是如虎添翼，給予弱者的是雪中

送炭，它不僅是制勝的理念，更是如何制勝的行動指南。這實在讓人視野開闊，前所未有，人們可以借此審視社會與人生，更容易看清真相和感知真諦，從而走出迷思，不斷獲得事業上的成功。

　　以下，我們摘錄薛居正之《勢勝學》全文，同時用白話翻譯，以幫助讀者從各角度，全方位更深入地理解「勢」的作用以及「謀勢」的重要。

《勢勝學》

——— 薛居正

　　不知勢，無以為人也。勢易而未覺，必敗焉。

　　察其智，莫如觀其勢。信其言，莫如審其心。人無識，難明也。君子之勢，滯而不墜。小人之勢，強而必衰。心不生惡，道未絕也。

　　未明之勢，不可臆也。彰顯之勢，不可逆耳。

　　無勢不尊，無智非達。迫人匪力，悅人必曲。

　　受於天，人難及也。求於賢，人難謗也。修於身，人難惑也。

　　奉上不以勢。驅眾莫以慈。正心勿以恕。

　　親不言疏，忍焉。疏不言親，慎焉。

　　貴賤之別，勢也。用勢者貴，用奸者賤。

　　勢不凌民，民畏其廉。勢不慢士，士畏其誠。勢不背友，友畏其情。

　　下不敬上，上必失焉。上不疑下，下改遜焉。不為勢，在勢也。

無形無失，勢之極也。無德無名，人之初也。

缺者，人難改也。智者，人難棄也。命者，人難背也。

借於強，諛不可厭。借於弱，予不可吝。人足自足焉。

君子憐弱，不減其德。小人倚強，不增其盛。時易情不可改，境換心不可恣矣。

天生勢，勢生傑。人成事，事成名。

奸不主勢，討其罪也。懦不成勢，攻其弱也。惡不長勢，避其鋒也。

善者不怨勢劣，盡心也。不善者無善行，惜力也。察人而明勢焉。

不執一端，堪避其險也。不計仇怨，堪謀其事也。

勢者，利也。人者，俗也。

世不公，人乃附。上多偽，下乃媚。義不張，情乃賤。

卑者侍尊，莫與其機。怨者行險，仁人遠避。不附一人，其禍少焉。

君子自強，惟患不立也。小人自賤，惟患無依也。

無心則無得也。無謀則無成也。

困久生恨，其情乃振。厄多生智，其性乃和。無困無厄，後必困厄也。

賤者無助，必倚貴也。士者無遜，必隨俗也。勇者無懼，必抑情也。

守禮莫求勢，禮束人也。喜躁勿求功，躁亂心矣。

德有失而後勢無存也。心有易而後行無善也。

善人善功，惡人惡績。善念善存，惡念惡運。以惡敵善，亡焉。

人賤不可輕也。特貴不可重也。神遠不可疏也。

勢有終，早備也。人有難，不潰也。

作者簡介：薛居正，北宋初期名臣。他行為純正，生活儉樸。做宰相時簡易寬容，不喜歡苛刻地考察。士大夫因此稱道他。他從參政到當宰相，共十八年。始終沒有失去過皇上的恩遇。

翻譯：

不知道事物發展的趨勢，就無法做個有為的人。形勢若有變而不能及時察覺，事情一定會失敗。

考察一個人的智慧，不如觀察他的發展趨勢；相信一個人的言辭，不如審視他的內心。人若沒有見識，就不會保持明智。君子的發展趨向，雖有滯礙但不會沉淪；小人的發展趨向，即使強大終究必會衰敗。心裡不生惡念，前途就會充滿希望。

不明朗的形勢，不可以主觀臆斷。非常明顯的形勢，不可以違逆它。

沒有聲勢就談不上尊貴，沒有智慧就談不上通達事理。逼迫人不能靠蠻力，取悅人一定要委婉表達。

受命於天，他人就難以和自己相比了。向賢人求助，他人就難以毀謗了。加強自身的修養，就難以被他人迷惑了。

侍奉上司不要憑藉自己的勢力。驅使眾人不要一味仁慈。若使內心純潔，就不要採取寬恕自己的態度。

對親人不可說疏遠的話，要保持忍讓。對不親近的人不可說心裡話，要特別謹慎小心。

富貴與貧賤的區別，在於是否擁有權勢和地位。使用權力的人尊貴，使用奸計的人卑賤。

有了權勢不能欺凌百姓，百姓敬畏的是公正廉潔。有了權勢不能怠慢讀書人，讀書人敬畏的是真誠無欺。有了權勢不能背棄朋友，朋友敬畏的是情感如一。

下屬不敬重上司，上司一定是有所缺失的。上司不猜疑下屬，下屬一定要保持恭順。不輕易使用權勢，這才是真正的權勢。

沒有外在的形式，沒有失策疏漏，這是權勢達到頂峰的標誌。沒有仁德之念，沒有名望之求，這是人的原始心態。

天生的缺陷，僅靠自身的努力難以改變。人生的智慧，任何人都難以捨棄。自然的天命，個人的力量難以違背。

向強者借勢，雖奉承卻不可厭煩。向弱者借勢，雖給予卻不可吝嗇。讓他人滿足，自己才會如願。

君子同情弱者，不會減損他的品德。小人欺凌弱者，並不會增加他的威風。歲月變化，真情不可以改變。環境變了，意念心思卻不可放縱。

上天造就時勢，時勢造就豪傑。人成就事業，事業成就人的名望。

奸詐不能主導形勢，要討伐他的罪過。怯懦成就不了大事，要攻擊他的弱處。凶殘不會增長勢力，要躲避他的鋒芒。

善良的人不會抱怨形勢惡劣，他們只會費盡心思去努力。不善良的人不去做善事，他們只吝惜自己的力氣。觀察人的作

為就可知曉結果如何了。

不固守一種看法，才可以規避風險；不計較仇怨，才可以謀劃大事。

權勢，能帶給人利益。人們，多是喜歡世俗的。

世道不公平，人們才會依附他人。上司多是虛偽的，下屬才會獻媚。正義得不到伸張，情誼才會遭人輕視。

地位低的人侍奉地位高的人，不要參與其機密之事。心懷怨恨的人做凶險的事，有德行的人應該遠遠避開。依附之人不要固定在一人身上，這樣禍患就可減少了。

君子自己努力向上，他們只擔心不能自立。小人自己輕視自己，他們只擔心沒有依靠。

沒有思想就沒有獲得。沒有謀略就不會成功。

窮困久了就會產生恨意，如此情感才能振作。困厄多了就會催生智慧，如此性情才會平和。沒有困厄的經歷，將來還是會遭受的。

地位低若無人扶持，必定要倚仗地位高的人。讀書人若不知謙遜，必定會獻媚世俗。勇敢者能無所畏懼，必定會抑制過於激烈的情緒。

嚴守禮節不能諂媚權勢，禮節應讓人受到束縛。性情急躁不可能獲得功名，急躁讓人心緒紛亂。

先有道德的缺失，後有勢力的消亡。先有思想的變化，後有不良的行為。

用好人能建功立業，用壞人能導致惡果。好的想法讓人平

安，壞的想法讓人遭惡。用邪惡來對抗正義，一定會滅亡。

地位低下的人不可以輕視。珍貴的物品不可以重視。遠處的神靈不可以疏遠。

勢力有終了的時候，要早作準備。人都要經歷苦難，精神不能被擊潰。

第二章

目慧眼如炬 ——
如何度勢

謀勢需先度勢。所謂度勢，包括「辨勢」與「預勢」，即敏銳看清現在，精準展望未來。大至一個社會，小至一個公司，其局勢都在各方利益的博奕下前進，誰的力量占優勢，形勢的發展就會朝向哪個方向。

知己知彼，百戰不殆

楚漢相爭時，劉邦與項羽原本商定平分天下，劃溝而治──即「楚河漢界」。一直被項羽打壓欺侮的劉邦好不容易出了一口氣，準備向西班師回朝，張良和陳平卻阻止道：

「以前項羽強大，我們只能退讓。如今漢國已取得天下多半國土，各諸侯都來歸附我們，而楚軍兵力疲弱，軍糧也已用完。這正是老天賜給我們消滅楚國的好機會，為什麼要放棄呢？」

劉邦似乎還沒從屢被項羽欺凌的往事中走出來，為難地說：

「項羽不可輕視，我和他打了多年的仗，根本就沒有必勝的把握。」

張良勸說道：「項羽勢強時，沒有果決之心，不懂取勝之道，我們才僥倖存活。今日強勢易手，大王當順從民心，統一天下。這不是逞強稱能，而是大勢所趨啊！大王如果失去了這個機會，那麼將禍不可測。」

於是劉邦出兵追擊項羽，終將項羽消滅，建立漢朝。

知己知彼，才能百戰百勝。度勢要看透的就是「己」和

「彼」，只是「己」和「彼」常常籠罩在一團迷霧之中。這是度勢所面臨的兩個難點。

不識廬山真面目，只緣身在此山中。當局者迷幾乎是一般人的通病。順風時，妄自尊大，容易被勝利沖昏頭；逆風時，自信心下降，又容易掉入悲觀消極、懷疑自我的思維陷阱。所以，凡人常常不能客觀地認識自己。

太陽每一天都是新的，外界的局勢變幻莫測。而個人的經驗終究是有限的，社會卻是由變化不定的億萬大眾與其他各種複雜因素所構成，準確地掌握形勢與環境的變化是一項巨大的挑戰。

如何突破這兩個難點呢？

首先，當我們自覺對自我掌握不準確時，有必要對自己進行一次冷靜而全面的反省。

冷靜，就是不帶主觀色彩，不帶情緒，以一個旁觀者的角度，好像在幫他人分析人生。可用第三人稱「他」或「她」來分析，以提高客觀性，「今天我要對這個人（他）好好進行一次分析。」

怎麼分析呢？不妨從以下問題入手：

你從哪裡來？你的起點在哪裡？你的家庭出身背景與環境情況如何？你有哪些重要經歷（怎麼來）？這些重要經歷帶給你什麼好處（物質上的條件、精神人格、能力素養上的收益等）？帶來什麼弊端和損失（物質的、精神的、能力的等）？你現在站在什麼樣的位置？擁有哪些資源（金錢、物質、知識、能力、人際關係等）？你以前的人生大方向是什麼（要到哪裡去）？有沒

有階段性目標和行動計畫（怎麼走）？

　　根據以上問題，認真地逐一進行反省分析。在反省分析中，自然會產生許多新的思想認知，對自己就會有較客觀、全面的了解和認識。明「己」之勢的目的，是看清自己的優勢和劣勢，清楚理想與目標之間需要哪些資源來支持。對於阻礙自己發展的「缺點」，要想方設法改正。

　　說實在的，了解自己很難，我們應該注意到，人難免憑經驗和感情用事，評價自己時，常常偏離客觀事實。若有可能，應該尋求有經驗的成功人士、有關專家等進行諮詢，請求他們的幫助，打開思路、校正自己的判斷，避免「當局者迷」的失誤。

　　知道自己的「勢」後，還應該洞悉外界的時勢。總體而言，要洞悉時勢需要做到四「多」：多看、多聽、多學、多思。「多看」旨在獲得更全面的資訊；「多聽」旨在多借鑑專業人士的意見；「多學」旨在提高自己的學識與修養、拓展自己的視野；「多思」旨在鍛鍊自己思維的分析判斷能力。我看到了、我聽到了、我學到了、我想到了。

　　如前個章節所述，薛居正《勢勝學》云：「不知勢，無以為人也。」意思是：「不知道事物發展的趨勢，就無法做人了。」人生於天地之間，如果缺乏對萬事萬物的了解和判斷，那麼就難以生存。趨利避害要度勢在先，否則便是一句空話。事物表現出來的趨勢是需要人們仔細觀察和深入思考的。在此不允許主觀臆想和妄下結論，只有用心體察和反覆驗證，才能做到度勢無誤，進而為自己的人生鋪設坦途。成功總是從審時度勢開

始的。

眼光決定未來

　　每一波潮汐，都是大自然有形的呼吸。在潮起潮落之間，或許就孕育了一場生命的大跳動，完成一次歷史的大跨越。而要善於駕馭時局，前提是對局勢的敏銳察覺。

　　約莫 30 年前，當三十歲的貝佐斯（Jeffrey Preston）上網瀏覽時，發現了一個數字，而這就把大好機會拱手交給了貝佐斯。這個神奇的數字就是：網路使用人數每年以 23 倍的速度在成長。就在這一刻，貝佐斯意識到自己的使命，開發網路資源，創立自己的網路王國 —— 亞馬遜公司。他離開了華爾街收入豐厚的工作，決定自己打拚。幾十年後的今天，貝佐斯的亞馬遜公司市值高達一兆多美元。貝佐斯的成功，無非是看準了網路使用人數急遽攀升的「勢」，在這個勢頭下，他當然能如魚得水地賺錢。

　　有一天走在路上，你會突然發現在人群中，開始流行某種你認為款式陳舊的衣服；或走進酒吧，聽到某句你聽不懂的話語；或是在公司裡發現人人都在玩某種你不懂的小遊戲。以上情況，似乎都像是「突然間」流行起來，而且有蔓延的趨勢，剎那間人人都為之著迷，爭相仿效。其實這只是社會趨勢的一種模式，開始時，具有隱而不顯的特質，一般人不易察覺，但感受較為敏銳的人則能從中窺見其端倪。有些社會趨勢，甚至會影響某些行業的盛衰。

例如，好多年前流行過的呼啦圈，「SARS」過後在中國各地又異常爆發地流行起來。在「SARS」令許多店家欲哭無淚、束手無策時，有眼光的店家卻在盤算利用「SARS」光明正大的賺錢。他們掌握了「SARS」過後必然興起的健身潮，把呼啦圈這一大眾化的健身器材再次推出，結果造成的流行熱度居高不下，讓店家大賺一把。

美國企業家協會主席說過一句話：「成功企業家的共同特點，首先在於他們都有正確的判斷力。」這個「正確的判斷力」，可能就是人們常說的「眼光」吧！裡面包括策略眼光、政治眼光、科學眼光、商業眼光、藝術眼光……總之，古今中外的一切事都可以與「眼光」連結。我們讚美一個人，通常說他「高瞻遠矚」；批評一個人，則說他「鼠目寸光」，這都是用「眼光」作為評判人物的最高標準。

風起於青萍之末

「辨勢」與「預勢」是一對孿生兄弟，難以分割。「辨勢」立足於當下已知，「預勢」則著眼於將來未知。而將來的未知又和當下的已知緊密連結。只知「辨勢」而不知「預勢」的人，成不了大事 —— 即使一時成事，也容易在後來的日子裡跌倒。

楚國才子宋玉在〈風賦〉中云：「夫風生於地，起於青萍之末……」後人遂有「風起於青萍之末」這一成語，意為見微知著、一葉落而知秋。

1929 年 10 月，美國紐約證券交易所突然被股票拋售潮吞沒，股價暴跌，一天之內有 1,300 萬股票遭到轉手。這場空前嚴重的經濟崩潰之前十年，曾是美國經濟極其繁榮的時代。當時，人民生活有所改善，但薪資的提升，依比例遠遠趕不上工商業利潤的成長，人們的消費能力下降，不斷增加的商品大量積壓。隨著時間的推移，生產和銷售的矛盾衝突終於如蓄積已久的火山一般爆發了。

全球性經濟危機從美國開始，迅速席捲全世界。這次經濟危機的破壞性很強，全世界的工業生產減少三分之一以上，國際貿易縮減了三分之二。危機延續的時間也很久，從 1929 年一直拖到 1933 年。這場世界性的經濟危機很快波及到了日本。日本由於國土資源匱乏，國內市場狹窄，特別依賴出口，故所受到格外嚴重的打擊。1929 至 1931 年，日本的工業總產值減少了 32.5%，農業生產總值減少了 40%，貿易出口額下降了一半之多，大批企業倒閉、破產，僥倖支撐的工廠及企業只能減少薪水、解僱工人。松下電器也受到經濟蕭條的打擊，產品銷路急遽下降，企業開始進入困境。

在經濟蕭條的大環境下，松下幸之助一面苦苦支撐，一面密切地關注形勢的發展。對他來說，經濟蕭條既是一場危機，也是一個機會 —— 他認為只要熬過這場危機，且早人一步地抓住經濟復甦的機會，就能讓松下電器脫穎而出。

1932 年 5 月 15 日，犬養毅首相被暗殺，日本社會政治向右急轉。事件發生以後組成的齊藤內閣，在議會中提出「控制通貨膨脹」的政策及向民間低利貸款等一系列經濟建設計畫。當

時，美國已從長期的經濟蕭條中走出，在整個國際大環境的影響下，日本的經濟也開始復甦。松下幸之助看準並抓住了這個機會，指示所有工廠盡量全速開工生產。同時他也感覺到：松下電器的設備和場地已達到極限，松下電器必須增加設備、場地和招募新的員工，否則難以繼續發展。當時大阪市內街道已再無潛力可挖，松下把眼光轉向了郊區，決定在大阪市郊的門真街購入 16,500 平方公尺的土地建設總廠，同時把公司的總管理處遷至新址。他迅速下達指示，讓公司企劃部門做出規劃和預算。營建工程仍由營建二廠、三廠的中川營造廠設計施工。松下幸之助以獨到的眼光捕捉到經濟復甦的情勢，並迅速擴大廠房、加大生產，從而抓住了經濟復甦的機會，替自己的企業插上快速發展的翅膀。

　　社會局勢的變化，往往蘊藏著巨大的商機。一個機遇如巨浪般翻滾而來，有人乘浪扶搖直上，有人仍停留在波浪的谷底。隨著機遇的翻滾，人與人之間財富的多寡、身分的高低，不斷在發生變化。局勢每來一次，社會的面貌就改寫一次。

　　時勢造英雄，富豪們最善於從細微處看出未來發展的脈絡。香港巨富胡應湘在初涉中國商海時，和李嘉誠等聯袂在廣州興建中國大酒店。胡應湘在經營中國大酒店的過程，發現共計 1,200 個房間的飯店裡，在開始營業後，每天要消耗廣州總電力的 2%。此時，他感覺財神爺在向他招手。當時的中國正步入經濟發展的快車道，能源緊缺的問題一定會愈來愈明顯。從中國大酒店的用電狀況，胡應湘看準了投資電廠的巨大潛力與前景。在合和公司的精密籌劃下，一所位於廣東深圳沙頭角，有

兩臺 35 萬千瓦發電機的發電廠，以破紀錄的速度，在 22 個月內完工發電。這個投資約 40 億港元興建的項目，乃是香港與中國合作的一項重大成果，也是當時中國簽署最大的中外合作經營項目之一。如今，胡應湘的電廠，早已依約成為深圳特區的財產，但他在電廠經營的八年多時間裡，已經賺得滿載而歸了。

預勢與財運

商機時隱時顯，稍縱即逝。因此，在商業競爭中，快速反應、先發制人而搶占先機者，自然掌握了競爭主動權，獲得領先優勢。這是古今中外商戰實踐的真知，也是賺大錢的一個重要方略。圍棋對弈時，首先要進行「猜先」，終局時執黑先行者貼目計算輸贏。

圍棋術語中，還有「先手」之說，並有「寧棄數子，不失先手」的真理。這明確表明，在圍棋比賽中先手能獲得主動，先手能占到便宜，先手能獲得優勢。

在商業競爭中，先發制人而搶占先機，是商戰實踐的真知，也是商戰中獲勝的一個定論，更是創業的一條重要方略，是創業者所追求的目標。而要做到先發制人，少不了對局勢作出正確的預測，並根據預測的結果採取相應的行動。

古川久好是日本一家公司中地位不高的小職員，平時的工作無非是為上司做一些文書工作，跑跑腿、整理報刊資料等。工作很辛苦，薪水卻不高，他總思索著要想辦法賺大錢。有一

天他在收音機裡聽到一條介紹美國商店情況的專題報導，其中提到了自動販賣機：現在美國各地都大量採用自動販賣機來銷售貨品，這種販賣機不需要僱人看守，一天二十四小時可隨時供應商品，而且在任何地方都可以營業。它給人們帶來方便。可以預料，隨著時代的進步，這種新的銷售方式會愈來愈普及，必將被廣大的企業採用，消費者也會很快接受這種方式。前途一片光明。

古川久好想：「日本現在還沒有一家公司經營這個項目，但將來必定會邁入一個自動販賣的時代。這個生意對沒什麼本錢的人來說最合適。我何不趁此機會，經營這個新行業。至於販賣機裡的商品，應該蒐集一些新奇的東西。」於是，他開始向朋友和親戚借錢購買自動販賣機。他籌到了三百萬日元，這筆錢對於一個小職員來說不是小數目。他以每臺十五萬日元的價格買下二十臺販賣機，設置在酒吧、劇院、車站等公共場所，把一些日用品、飲料、酒類、報紙雜誌等放入販賣機，開始了他的新事業。

古川久好的這一舉措果然為自己帶來大量的財富。人們第一次見到公共場所的自動販賣機，感到很新鮮，而且只需往販賣機裡投入硬幣，販賣機就會自動打開，送出所需物品。當時一臺販賣機中只放入一種商品，顧客可按照需要從不同的販賣機裡買不同的商品，非常方便。古川久好的自動販賣機第一個月就為他賺到一百多萬日元，他再把賺的錢繼續進行投資，擴大經營的規模。五個月後，古川久好不僅還清了借款和利息，還淨賺了近兩千萬日元。

　　商場多變，商機更是稍縱即逝。因此，一項投資最終能否經營成一道財源，要做出準確的判斷並非輕而易舉。其中的關鍵是要有判斷全局的能力；要有能對整個局勢的盤算；要有能看出大方向的眼光。正如胡雪巖所說：「做生意貴乎盤算整個大局，看出必不可易的大方向，照這個方向去做，才會立於不敗之地。」這才叫做看得準，這才叫做看得遠。

　　市場就像三伏天的天氣，說變就變，神祕莫測。因此，善於識別與掌握時機，並且能充分利用這種變化，就顯得極為重要。商人的機會是自己努力創造的，任何人都有機會，只是有些人不善於創造和掌握機會罷了。最有希望成功的人，往往不是才能出眾的人，而是那些最善於利用每一時機，且能「從變化中找出機會」的人。

　　胡雪巖在他的鼎盛時期能夠馳騁商場保持不敗，很大原因在於他有在複雜局勢中，見出必不可易之大方向的過人眼力。比如在生絲銷洋莊的生意中，就顯示出了他敏銳過人的眼光。

　　為了結交絲商巨頭，聯合同業，以達到能順利控制市場、操縱價格的目的，胡雪巖將在湖州收購的生絲運到上海，一直囤到第二年新絲上市之前都還未脫手。而這時出現了幾個情況：一是由於上海小刀會的活動，朝廷明令禁止將絲、茶等物資運往上海與洋人交易；二是外國使館聯合行業會館，各自告示本國僑民，不得接濟、幫助小刀會；三是朝廷不顧英、法、美三國的聯合抗議，已經決定在上海設立海關。

　　這些情況對胡雪巖正在進行的生絲銷洋莊生意來說，應該是有利的，且其中有些情況是他事先「算計」過的。一方面新絲

雖然快要上市，但由於朝廷禁止將絲、茶運往上海，胡雪巖的現有囤貨就奇貨可居；另一方面，朝廷在上海設立海關，洋人在上海做生意必然會受到限制，而從洋人告示本國僑民不得幫助小刀會，和他們極力反對設立海關的情況來看，洋人是迫切希望與中國保持商貿關係的。此時胡雪巖聯合同業操縱行情的格局已經頗見成效，繼續堅持下去，迫使洋人就範，將現有存貨賣出好價錢，應該是不太難的。但正是在這個節骨眼上，胡雪巖出人意料地突然決定將自己的存絲，照洋人開出的並不十分理想的價格賣給洋人。

作出這一決定，就在於胡雪巖從當時出現的各種情況預測出了整個局勢發展的方向。當時太平天國已成強弩之末，洋人也敏感地意識到這一點，正急切地想與朝廷接續「洋務」。同時，雖然朝廷現在禁止本國商人與洋人做生意，但戰亂平定之後，為了恢復市場，復甦經濟，「洋務」肯定還得繼續下去，因而禁令也必然很快會解除。照歷來規矩，朝廷是不與洋人直接打交道從事貿易活動的，與洋人做生意還是商人自己的事。正是從這些一般人不容易看出的蛛絲馬跡中，胡雪巖看出了一個必不可易的局勢，那就是：他遲早要與洋人長期合作生意。

胡雪巖認為，中國的官員從來不會體恤為商的艱難，不能指望他們會為商人的利益與洋人論斤估兩。因此，與洋人的生意能不能順利進行，最終只能靠商人自己的運作。既然如此，也就不如先「賣點交情給洋人」，為將來留下合作的餘地。基於這種考量，胡雪巖為了遷就洋人而低價賣絲的行為就顯得非常高明了。

這就是胡雪巖眼光長遠之所在。這一票生意做下來，他雖然沒有賺到錢，但由於有這票生意為基底，胡雪巖為自己鋪排了一條與洋人做更大生意的大道。事實上，胡雪巖在這筆生意中「賣」給洋人的交情，馬上就為他賺來與洋人生絲購銷的三年合約，為他以後發展更大規模的買辦生意、借洋債發展國際金融業，奠定了良好的開端。

預測經濟局勢

無論是做生意還是公司職員，在社會經濟趨勢以及全球經濟大局面前，都不能獨善其身。經濟繁榮時，大小生意都一片繁榮、失業率低，薪資也相對高些。在這種局勢下，只要經營上不出什麼大差錯，基本上是開門進財。

相反的，經濟局勢不妙，各國的經濟都在倒退。這時，大多數行業都必定會面對顧客不足的局面。消費力弱的壓力使各種生意紛紛緊縮，讓很多企業都倒閉收場。

做生意一定要懂得預測經濟局勢，就算只是開一家小公司，或是一家小店、做小生意，經濟大趨勢都舉足輕重，對生意有極為重大的影響。任何生意人都應該留意經濟局勢，否則一定會做出錯誤的決定。很多在經濟變化劇烈時創業的人，就是看不到經濟局勢，以致該進不進、應退不退，有錢賺不到，錯過機會，有危機也守不住，損失慘重。

例如，經濟墜落於谷底時，消費力疲弱，樓市慘淡，股市

人人持觀望態度。這時，商人就要留意經濟會在什麼時候有起色，會在可見的未來？還是在不可見的長遠以後？若開了一家店，上述的資料肯定會幫助你作出正確的決定，到底是值得守候下去，還是索性結束，等到經濟好轉後再來一次？

開了店，只要打開門，無論有沒有生意上門，店鋪租金和人力都要支付，水電瓦斯也要支付，如果在可預見的未來都不景氣，守下去只有一路虧本，像個無底洞；那麼，是否要暫時結束，或是縮減經營的規模，就要作出果斷的決定，否則持續拖下去，可能把每筆資金都損耗掉。在 1997 年亞洲金融風暴爆發後的一年內，香港很多企業便相繼關門大吉，比如酒店、餐廳，在短短時間內就結束營業。本來就勉強經營的，也趁機調整了。很多小商店也一樣，尤其是做遊客生意的公司，都對金融風暴非常敏感。在很短的時間內，這些店鋪突然生意慘淡，以前一天幾十位客人，一夜之間，突然門可羅雀，連蒼蠅飛的聲音都聽得見，生意立即下跌 90% 以上，立竿見影。

如果你開了一家店，會不會繼續撐下去？唯一支持你撐下去的理由，只有是你預見經濟會很快再起，現在只不過是暫時現象。到時，那些沒有遠見的店家都結束了，你就可以突然搶得有利陣地，賺取高額利潤。

但如果你預測的經濟局勢有誤，你就要付出慘痛的代價。任何商人都要為自己的預期付出代價，或是相反得到很好的回報。

無論如何，你都應該具備一些預測經濟局勢的能力，判斷得正確，對於生意的進退有很重要的意義。如果不是懂得很

多，也要虛心一點，看看各大媒體經濟專家們的分析。雖然分析有時會錯，但無論如何，也算是參考的資料，不至於盲目跟風或靠猜測生存。

具有洞察未來的眼光是眾多有錢人的顯著共通點。

李嘉誠先生是熟知的香港首富，他的成就一次比一次大，似乎永遠都能有更大的成就出現。如果一個人沒有洞悉未來的眼光，只單憑虛無縹緲的所謂運氣，誰也無法相信他能夠創造出如此龐大的事業。

如果你曾留意李嘉誠先生做生意的手法，應該會看到，他經營的生意，起初都沒有很多同行，但過了一段時間後，這門生意就會開始風行，變得非常熱門，市場上也會非常興盛。李嘉誠先生能夠在早期進入市場，競爭一定很少，但他卻能快人一步，在市場內奠定根基，對該行業的運作、成本、管理、市場、供需情況、消費者心態、潛在的競爭對手等等進行了解。俟其他人進入這個市場時，李嘉誠先生已經成為該行業的領導者。其他新加入者，還在學習、摸索、嘗試，但李嘉誠先生卻已將業務打完基礎後，不斷提升，其他競爭對手很難再和李先生的企業匹敵。

有句話是這麼說的：「早人一步，理想達到。」在商場上，能夠洞燭機先，早他人一步捕捉、開發出新的市場、新的產品，提供目前從來沒有人提供過的服務；或是雖然市場已有這種服務，但還只是一盤散沙未成氣候之時，以企業化的方式去經營，使市場人士耳目一新，都算是早人一步的做法。這樣的眼光不是每個人都能擁有的，但卻更容易達到目標。

做每件事情都要洞察機先，都要比別人早一步，都要比別人更迅速地掌握未來的動態、未來的資訊、未來的走向，這就是超級成功者所擁有的觀念，正是我們應該具有的思考模式，也是那些成功者的祕訣。

　　從對大多數成功人士的研究分析中我們可以看到，成功首先來自於對未來科學的預見和高瞻遠矚。

　　曾被譽為「世界首富」的美國微軟公司總裁比爾蓋茲，經過短短幾年的努力，早在 1998 年美國《財富》雜誌世界十大富豪排行榜中，以千億美元的資產榮任首富，引起世人的注目。他的成功之道除了電腦時代所賦予的機遇外，更主要的還是他的高瞻遠矚和遠見卓識，善於洞察機先。

　　美國鋼鐵大王安德魯‧卡內基（Andrew Carnegie）「事先」就知道，鐵路時代必定會到來；日本「經營之神」松下幸之助「事先」就預測到，電氣化時代必然來臨……。

　　美國奇異公司的董事長威爾許（Jack Welch）曾這樣說過：「我整天沒有做幾件事，但有一件做不完的工作，那就是計劃未來。」美國建築業巨頭比達‧吉威特非常注意掌握訊息，善於預測市場。1930 年，在建築業不景氣的情況下，他預測公共投資將旺盛；1940 年，他預測到防衛工程，尤其是空軍基地的建設要擴大；1950 年，他預見高速公路及導彈基地的建設高峰將到來；1960 年，他又預見都市交通網絡的大發展。正是由於他的先見之明，事先充分準備，確保了其在承接建築項目時投資的成功。

一葉落而知秋

　　世上常發生這樣的事，我們也常在一些電視、報章雜誌裡看到這樣的案例：有人正在做很輝煌的事業，彷彿一切順順利利、如日中天，不料卻突如其來一場變故，事業大廈頃刻轟然坍塌，一切化為烏有。個人也從萬眾矚目淪為不名一文，甚至成為乞丐或階下囚。這在當今社會中幾乎是司空見慣。

　　一葉落而知秋，事情的結果是好或壞，都有其預兆，只不過容易被大家忽略。比如說地震，我們知道在它發生前會出現地光、地聲等，一些動物也會表現異常，如雞在半夜時分突然鳴叫，狗無緣由地突然狂吠不止……雖說人生無常，但許多結局，我們還是可以從平日的所作所為、或其所交往的人、或所處的環境中看出一些蛛絲馬跡，解讀出能預示吉凶禍福的密碼來。

1. 行為分析

　　人是有理性的動物，人的行為大多是有目的、有計劃的。從某些意義上來說，個人行為多是他心理活動的結果。而人的心理藏於內心深處，如果本人不願意流露，外人很難掌握。但心理總會透過一定的跡象外顯出來，「寓於內必形諸於外」，而人的外在行為就是心理跡象的表現形式。因此，從現象發現本質，從行為觀察心理，早已成為人們識人知事的一條重要途徑。

　　宋朝人陳瓘在某次朝會上，偶然發現蔡京用眼睛直盯著太陽，很久很久都不眨一下。於是，他逢人便說：「以蔡京這種

神態，以後一定能升為顯貴。但他目空一切，居然敢和太陽為敵，恐怕得意之後，要獨斷專橫，肆意妄為，心中沒有君王。」後來，他當諫官，就不斷地攻擊蔡京。但因為蔡京的面目還沒有暴露出來，人們都說陳瓘有點過分。不過後來事實證明，蔡京真的表現出如陳瓘所說的那樣奸詐時，大家才想起陳瓘的話。

三國時期，東吳武陵郡將樊伷誘使附近的外族作亂，州都督請求發兵萬人征伐他們。孫權召問潘濬，潘濬說：「容易對付，五千人足夠了！」孫權問：「你為什麼這麼輕視他？」潘濬答道：「樊伷善於大言不慚，實際上並無真才實學。先前他曾經為州裡人準備宴會，等到下午，酒飯還沒上桌，他竟十幾次站起身來觀望，從這件小事足以證明他不過是個飯桶。」孫權大笑起來，隨即派遣潘濬率兵出征。潘濬果然只用五千人便斬殺了樊伷。

2. 察言觀色

人的喜怒哀樂難免形諸於色，儘管有人城府很深，掩藏不露，但總不可能沒有蛛絲馬跡，察言觀色就成為了解人和事物的通用方法。齊桓公早朝時和管仲商量要攻打衛國，退朝回宮後，一名從衛國獻來的妃子看見他，就走過來拜了拜，問齊桓公，衛國有什麼過失？

齊桓公很驚訝，問她為什麼問這件事。那妃子說：「我看見大王進來，腿抬得高高的，腳步邁得大大的，臉上有一種驕橫的神氣，這顯然是要攻打某國的跡象。且大王看到我時，臉色都變了，這分明是要攻打衛國。」

　　第二天，齊桓公早朝時朝管仲一揖，召他進來。管仲說：「大王不想攻打衛國了嗎？」齊桓公驚訝地問：「你怎麼知道的？」管仲笑著說：「大王上朝時作了一揖，且很謙恭，說話的聲調很緩和，見到我也面有愧色。我由此判斷您改變了主意。」

　　難道你自己就沒有透過察言觀色而獲知他人內心的經歷嗎？不妨找出來總結一下。

3. 言論判斷

　　從某種意義上來說，語言只是一種表象，人的欲望、需求、目的則是本質，表象反映本質，本質總要透過表象表現出來。語言作為人們欲望、需求和目的的表現，有的是直接明顯的，有的是間接隱晦的，甚至是完全相反的。對於那些直接表達內心動向的語言來說，每個人都能理解，而那些含蓄隱晦，甚至以完全相反的方式表現心理動向的語言，就不是每個人都能理解的。高手與凡人的差別，也就在這裡。這才是創造性思維的用武之地。若能舉一反三、觸類旁通，反過來想想，倒過去看看，最後透過他人的言談話語，發現他人內心的深層動機，那就說明你比別人強得多。

　　明朝洪武元年，浙江嘉定安亭有個叫萬二的人，他在安亭一帶堪稱首富。有一次，有人從京城辦事歸來，萬二問他在京城的見聞。這人說：「皇上最近作了一首詩，詩是這樣的：『百僚未起朕先起，百僚已睡朕未睡。不如江南富足翁，日高丈五猶蓋被。』」萬二一聽，嘆口氣說：「唉，已經有跡象了！」他馬上將家產託付給僕人掌管，自己買了一艘船，載著妻兒和家中

值錢物品，向江湖泛遊而去。

兩年不到，江南大戶富族都被朝廷以各種名目沒收了財產，門庭破落，只有萬二倖免。

4. 究之情理

所謂究之情理，就是考察事物和行為是否合乎規律。世間事物的存在和運行都是有規律的，當你發現一個事件或行為是不合乎規律的、是反常的，其中一定另有原因，如果找到了這個原因，便發現了事物本來的面目。

春秋時期，齊國攻打宋國，宋王派臧孫子向楚國求救。楚王很高興，答應得也很爽快。然而，臧孫子卻滿懷憂慮地回去了。他的車伕問：「你求救成功了，怎麼還面帶憂色？」臧孫子說：「宋是小國，齊是大國，為救一個小國而得罪一個大國，這是人們所不願意的。然而，楚國卻很高興地答應了，這不合情理。他們不過想以此堅定我們的信心，讓我們拚死抵抗，以此削弱齊國而已，這樣就對楚國有好處了。」

果然，臧孫子回國後，齊國接連攻占了宋國的五座城池，而楚國允諾的援軍連個影子也沒有見到。

5. 由近察遠

事物的運行和發展，其實都有一定的秩序和規律性，無緣無故、雜亂無章的事物應該說是不存在的。如果我們善於發現、蒐集並分析整理事物的現象，就能見人所未見、知人所未

知，對事物的發展趨勢和結局就會有清晰的掌握，即高瞻遠矚、預知未來。

戰國時期齊國握有實權的田常，透過武裝政變，擁立了順從自己意願的君主，當了相國。在事變之前，曾發生過這件事：

一天，齊國的重臣隰斯彌到田常家拜訪，田常和他一起登上高臺，向四周眺望。東、西、北三面什麼障礙物也沒有，視野十分開闊，只有南面，因為隰斯彌家前的大樹擋著而看不遠，田常對此什麼也沒說。

隰斯彌回到家後，馬上叫家奴們把大樹砍掉。但還沒砍幾下，隰斯彌又突然改變主意，急令停止砍樹。家奴們都驚訝地問他原因。他答道：「古人說：『知道深淵處藏著烏龜是十分危險的。』你們還記得這句話嗎？我感覺到現在田常好像在謀劃什麼大事，如果我們砍了大樹，他就會認為我是個很細心的人，可能察覺到他心中的計畫，這是很危險的。不伐樹，不會被怪罪，但若是知道了別人心裡的祕密，其罪過可就大了！所以我才請你們住手的。」

這是由近察遠的典型例證，給人深刻的啟迪。

偉人和凡人、眼光長遠與短視的人，差別只在咫尺之間。即便是那些很微小的地方，有人發現重要、甚至是石破天驚的事件，有人卻視而不見。因此，我們活在世上，絕不可忽略小事，往往就在對眼前的一件小事上，就在對一個人舉手投足的認知上，一失足成千古恨！對此，不可不慎啊！

莫讓預見變成見

　　事情總是處於變化中，雖然大多數變化都有跡可循，但由於客觀原因，並非所有的跡象都能捕捉到，而且也並非所有的趨勢都有預兆。所以，所謂的「勢」其實也是處於動態的變化中，這就造成辨勢與預勢有可能存在偏差。

　　有些人總以自我為中心，堅信自己預測的都是準確的，倔強地照自己預測的道路走下去，結果卻一頭撞到牆上。

　　而成功者不僅善於預測事物的發展方向，更善於根據事物的發展變化趨勢，及時修正已有的預見。

　　1929 年，全世界爆發了一場經濟危機，海上運輸業也在劫難逃。當時，加拿大國鐵公司拍賣產業，其中六艘貨船十年前的價值是兩百萬美元，而現在僅以每艘兩萬元的價格拍賣。希臘船王歐納西斯本來決定把資金投入礦業開發上，因為他和他的同事相信工業革命後對礦原料的需求將會暴增。但獲此訊息後，歐納西斯像鷹發現獵物一樣，立即趕往加拿大洽談這筆生意。他的這一反常舉動，令同行們瞪目結舌，大家都覺得不可思議，以為他發瘋了。

　　在海上運輸業空前蕭條的情況下，歐納西斯預測海運業將復甦艱難，而礦業開發會隨著工業革命對礦原料的需求，呈現暴增態勢，這時他應依預見投資於礦業開發。

　　然而事物發展總是變化的，原有的預見也會與變化的情況相背離，海上運輸的新形勢就說明了這一點。面對蕭條，貨輪價格下跌到慘不忍睹的程度，海上運輸業也已沉入谷底。但凡

事物極必反，這也是投資中千載難逢的機遇。歐納西斯看到了這一點，足見其過人的智慧。這正是改變預見帶來的成功。

果然不出所料，經濟危機過後，海運業的迅速回升和振興居各行業前列。歐納西斯從加拿大買下的那些船隻，一夜之間身價大增，他的資產也百倍地激增，使他一舉成為海上霸主。

有時候，我們這些凡人的預見是滯後的，我們可能只看到事物的某一面，而未看到另一面。所以，這就要求我們在進行全面調查分析時，及時更改預見，使之更符合客觀實際。對自己的思考重新再思考，也是一個不錯的提升自我成功機率的方法。

變與算的關係是什麼？《孫子兵法》中有一句話極其深刻，即「多算勝，少算不勝」。它告訴人們這個道理：做任何事之前，必須先在腦海中「盤算」好才能出手。切記，不要盲目衝動，未經謀算就糊里糊塗動手難免會失敗。算與不算，大不相同。算則能巧取妙勝，不算則任意而去，不管西東。特別值得注意的是：在以弱抗強時，只有認真算計，才能打過巧妙的對手。此為精明善變之計，即神算之計。再者，還要注意「多算」與「少算」的關係──愈是反覆思考，愈是周密推算，愈能贏得勝利；反之，就可能大打折扣，甚至招致慘敗。因此，我們必須明白，一個「算」字的重要性，即不算不勝，多算必勝。善「變」的最高境界是神算。

不算不勝，善算必勝。人人都想有神算之善變術，以獲得勝局，但有人能為之，有人不能為之。神算之變常令人叫絕。三國風雲，變幻萬千，其中攪亂風雲者，無非是軍師、謀士。

眾所周知，諸葛亮便是一名「神算子」，他智謀過人、膽量過人。人人皆知的「草船借箭」就是諸葛亮的得意之作，也是《孫子兵法》算計高招的巧妙運用。

第三章

挽弓當挽強 ——
如何蓄勢（一）

著名的成功學家拿破崙‧希爾（Napoleon Hill）花了整整20年的時間，拜訪了美國504位成功人士。漫長的走訪中，他發現許多被外人認為是一夜成名的人，其實在功成名就前就為自己的發展建下了堅實的基礎。換句話說，那些成功人士早就悄悄的把弓弦拉滿，蓄勢待發，只要機會一來他們就能奮力一擊，獲得豐厚的回報。

樹立良好的聲譽

良好的聲譽，可以算是人生難得的一張鉅額信用證明。它是個人最寶貴的資產，構成人的地位和身分本身。它比財富更具威力，時時刻刻對周圍的人產生影響，因為它是一個被證實過的信譽。而一個人的品格，比其他任何東西都更顯著地影響別人對他的信任和尊敬。

一個品格高尚的人，就像強而有力的磁場，吸引無數的追隨者與擁護者。這種吸引力勝過冠冕堂皇的口號，也勝過金錢與美色。

高尚的品格不能遺傳、繼承，也無處購買、掠奪，唯有一點一滴的，不以善小而不為，勿以惡小而為之，才能一寸一寸地累積成九尺之臺的良好聲譽。

1. 做一個正直的人

正直的品行會給人帶來許多好處：友誼、信任、欽佩和尊

重。人類之所以充滿希望，原因之一就在於人們似乎對正直的品行更具有近乎本能的識別能力，而且不可抗拒的被它所吸引。

　　無論你在任何時刻、任何情況下，和什麼人在一起，都要堅守自己的道德，言行一致，堅守自己的信仰及價值觀，這便是正直的表現。

　　如果你不正直，最終將失去一切。因為，別人無法相信你，不願和你一起工作，或跟你進行交易。如果沒有人願意和你共事，你的事業將會失敗，無論從事哪種行業，其結果都將一樣。

2. 做一個真誠的人

　　要真誠的做人處事，思想、品性、言行都要真誠、都要發自內心、自然而然地表現出來。不加修飾、由內而外散發的美，才是最吸引人、最光彩奪目的美。而真誠的反面是虛偽、自欺欺人。靠戴假面具過日子，虛偽矯飾的人一生都在演戲，給人留下偽佞可憎的形象，只有真誠坦率的人才不會喪失本色，才能自然具有吸引人的魅力。

3. 做一個誠信的人

　　有些人認為現在的社會環境浮躁，是個缺少誠信的時代，在這種大環境下，一個人若太講究誠信，難免容易「受傷」。其實這種看法是錯誤的。一個不誠信的人，「講話無人信，喝酒無人敬」，在這個人與人互動互助更加密切的今天，想獲得事業、

愛情、友誼的成功是很困難的。

誠信是做人原則中最根本的一條。一個人如果時時、處處、事事講信用，那麼他的事業必定會走向成功，他的人生將會多采多姿。

誠信乃做人之本，這是無數成功人士恪守的人生準則。人生向上的基礎是誠、敬、信、行。誠是構成人文精神的特質，也是中華文化倫理哲學的標誌。誠是率真、真情；誠是擇善固執；誠是用理智抉擇真理、以達到不疑之地。不疑才能斷惑，所謂「不誠無物」就是這個道理。而「信」則是指智信，不是迷信、輕信，這種誠信依賴智慧的抉擇到達不疑，並且堅定地踐行。

4. 做一個負責的人

俗話說：「一人做事一人當」。不管你的言行為你帶來怎樣的災難性結果，你都要面對承擔。一個負責的人，給他人的感覺是值得信賴與依靠的；而對於一個說話辦事不負責任的人，沒有人願意走近他、支持他、幫助他。

「一切責任在我。」1980 年 4 月，在營救美國駐伊朗大使館人質的作戰計畫失敗後，當時的美國總統吉米・卡特 (Jimmy Carter) 立即在電視上作了如上的聲明。

在此之前，美國人對卡特總統的評價並不高，甚至有人評論他是「誤入白宮的歷史中最差勁的總統」。但僅僅由於上面那句話，支持卡特總統的人居然驟然增加了 10% 以上。

「把責任往別人身上推，等於把自己的力量拱手讓給他人。」年輕人必須學會承擔起行為的責任。

5. 做一個寬容的人

古人說「有容乃大」，又說「唯寬可以容人，唯厚可以載物」。從社會生活中實際來看，寬容大度的確是人在真實生活裡不可缺少的素養。做人要胸襟寬廣，要有寬容平和之心，這不僅是一種魅力，更是社會成功的一種要素。

一個以敵視的眼光看世界的人，對周圍人戒備森嚴、心胸窄小、處處提防，他不可能有真正的夥伴和朋友，只會自己陷入孤獨和無助之中；而寬宏大量、與人為善、寬忍待人、能主動替他人著想、肯關心和幫助他人的人，則討人喜歡，易於被人接納、受人尊重、具有魅力，而能體驗到更多的成功喜悅。

6. 做一個謙遜的人

古希臘哲學家蘇格拉底曾說：「謙遜是藏於土地中甜美的根，所有崇高的美德都由此發芽。」謙遜是人格恪守的一種平衡關係，它能使周圍的人在對自己的認同上達到心理平衡，讓別人不感到卑下和失落。非但如此，有時還能讓他人感到高貴、感到比其他人更強，產生任何人都希望能獲得的優越感。所以，謙遜的人不但不會受到別人的排斥，同時更容易得到社會和群體的吸納及認同。

為自己拚幾枚勛章

　　軍人，尤其是那些身經百戰的戰士們，在正式的場合，都會在胸前佩戴各式各樣大大小小的勛章，讓人羨慕得不得了。當他們在重要場合出現時，更是壯觀，也讓人打從心底敬佩。

　　他們為什麼能佩戴勛章？說好聽一點是用自己的血汗，甚至是生命拚搏而來的；說實在一點，他們是在享受社會對他們的感激和給予他們的榮耀。只有立功才有勛章可得，立功愈多，勛章也就愈多；立功愈大，勛章的等級也就愈高。所以光看胸前勛章的多少，你就可以知道這個人的身分和地位，而這個人自然也就應該受到他人的尊敬和禮遇。

　　也許我們不是軍人、警員，但照樣可以拿到「勛章」，為自己建立地位與身分，讓別人認識自己、尊敬自己、禮遇自己！

　　這裡所謂的「勛章」是指工作上的成就或貢獻，雖然不像勛章那樣可以掛在胸前炫耀，讓所有的人都看得到，但在同行之間，你的成就或貢獻他們都知道，因此這也帶有「勛章」的意義。

　　身為一個軍人，為國家流血流汗是他的本分與天職，因此只有戰功赫赫才夠格得到勛章。同理，每個人把日常工作做好並不稀奇，因為這本來就是應該做的。立功必須有特殊的表現，也就是做出別人做不到、不敢做，或還沒做，但被你搶先一步做到，對整體有貢獻的事，這樣的人才能拿「勛章」。這些事一般來說有下列數種：

　　○ 比別人多的業績。如果你是業務人員，你那讓其他人「可望

「而不可即」的業績就是「勳章」。

○ 解決重大的問題。無論是老問題還是新問題、簡單問題或
是棘手問題，如果你能解決別人不能解決的問題，你的工
作能力就是「勳章」。

○ 高效益的發明或設計。如果你是公司設計研發部門的人
員，你研發出來的產品讓公司賺了大錢，那麼你的成績就
是「勳章」。

○ 增加所屬部門的榮譽。如果你的貢獻得到社會的認可或有
關部門的獎勵，你的部門因你而增光，那麼你的得獎就是
你的「勳章」。

　　……

如果能得到上述的「勳章」，那麼你在團隊裡自然會有一定
的地位，你也就擁有了號召力與凝聚力。當然，若因得了「勳
章」就得意忘形、目中無人，那就不好了，就算你是得「勳章」
高手，這點也是必須注意的。

那麼，該如何去得「勳章」呢？

軍人要立功拿勳章需要勇氣、決心、智慧和膽識。同樣
的，在工作上要得到「勳章」也需要勇氣、決心和智慧，其中當
數勇氣和決心最重要。也就是說，如果你有心去做，並輔以你
的智慧，那麼就有可能有一番成就。當然這個過程可能會充滿
挫折，好比立功多的人士往往都傷痕纍纍，但只要熬得過、經
得起，經驗、見識就會一天天豐富起來，自然也就造成了拿「勳
章」的條件和機會。

　　此外，還要強調一點，拿了「勳章」後，可能在團體裡一時會得到尊敬，也可能在團體外的同行間為人所知，成為你的標誌和形象，這應該是你日後繼續建功立業的最大本錢；而且，這「勳章」會跟著你很長一段時間。但是要注意，時間久了，人們會漸漸忘記你的「勳章」，所以，只有一次又一次地繼續創造功績，佩戴上一枚又一枚的勳章，才能成為人們心中的英雄。不過，爭取成為英雄，也就成為你人生的挑戰了。

業精於勤荒於嬉

　　人的本性之一是趨樂避苦，惰性也就如影子般時常左右糾纏，煩擾著人們的心靈。但正如歌德所說：「我們的本性趨向於懶怠。但只要我們的心向著活動，並時常激勵它，就能在這活動中感受真正的喜悅。」正因如此，勤奮的人才能獲得別人多餘的成果，沒有人能只依靠天分成功，上天給予人天分，而勤奮將天分化為天才。

　　曾國藩是中國近代史上極有影響力的湖湘子弟之一，據說他小時候天賦不高。有一天他在家讀書，一篇文章朗讀了不知多少遍，卻還沒能背下來。這時候家裡來了一個小偷，潛伏在他的屋簷下，希望等曾國藩睡覺之後再行竊。可是等啊等，就是等不到他睡覺，還是翻來覆去的誦讀那篇文章。小偷終於忍無可忍，跳出來怒斥曾國藩：「你這麼愚鈍還讀什麼書？」斥責完後將那篇文章一字不差地背了一遍，揚長而去！

　　「勤能補拙是良訓，一分辛苦一分才。」那小偷的記憶力真

好，聽過幾遍的文章就能背下來，但是遺憾的是，他名不見經傳，但曾國藩卻成為晚清的中興名臣。

天道酬勤，偉大的成功和辛勤的耕耘是成正比的，有一分耕耘就有一分收穫，日積月累、從少到多，奇蹟可以被創造出來。反之，即使你有再高的天賦，沒有加進自己的辛勤努力，那也是白白浪費。

「勤能補拙」已是一句老話，但你若剛從學校畢業進入社會，這句話就不一定能經常記住了。

現在能承認自己有點「拙」的人不多，尤其是剛入社會初期時，能認知到自己「拙」的年輕人更少。大部分都認為自己不是天才就是將才，都相信自己在接受社會幾年的磨練後，便可一飛沖天。但能在短短幾年即一飛沖天的人有幾個呢？有多少人飛不起來，有多少人剛展翅就摔了下去，能真正飛起來的實在是少數中的少數。為什麼呢？大多是因為社會磨練不夠、能力不足。

個人能力的增強是一點一滴匯集的，一夜之間功力大增只是武俠小說中虛構的情節。「業精於勤荒於嬉」，這是一句老話，千百年來一直口耳相傳，歷久彌新。為什麼這句話有如此強的生命力？因為它反映了一種樸素的哲理。

終身學習無止境

其實，我們每個人都有一筆巨大的財富，只不過我們尚未

意識到或是尚未開發出來而已。

　　也許有人會問：這筆財富究竟是什麼？為什麼我沒有察覺到。

　　這筆財富其實隱伏在每個人身上的巨大潛能：自我學習的動力和能力。之所以沒有察覺，是因為它猶如一座深埋的礦藏，並不是俯身可拾的，需要一個開發利用的過程。而成功者在現實生活中必須透過不斷的學習來提高自身的素養，並採這座礦藏。這種內在的潛能一旦與現實環境結合，便以財富的形式固定下來，包括無形的和有形的財富。

　　據美國國家研究委員會調查，半數的勞工技能在 1 至 5 年內就會變的一無所用，而以前這段技能的淘汰期是 7 至 14 年。尤其是在工程界，畢業十年後大學裡所學的知識還能派上用場的不到四分之一。因此，學習已變成生存必備的選擇。

　　年輕時，究竟擁有多少並不重要，懂得不斷學習，才能獲得足夠的知識。舉凡傑出的人，都是終身孜孜不倦追求知識的人，在漫長的人生經歷中，即使再忙再苦再累，他們也不放棄對知識的追求。學習既是他們獲取知識的途徑，又是他們在逆境中的精神支柱。對他們而言，知識是沒有止境的，學習也應該是沒有盡頭的，學習讓他們的思想、心理和精神永遠年輕，也讓他們的事業日新月異。

　　現實生活中有許多人，一旦離開學校，就不再繼續學習了。幾年前，某電視臺做了一項調查，發現許多人成家後，家裡根本沒有買過什麼新書，書架上放的幾乎都是在校時期的課本。這反映了一個事實：上班後許多人不再讀書，不在工作之

外求知，往往把時間浪費在閒聊與看電視上。電視節目固然也是有一定的教育功能，但並不是所有電視節目都如此。我們更應該學一些工作之外的新東西，以增強自己的綜合能力，不斷提高自己適應這個社會的本領，這樣才能在快速發展的二十一世紀中立於不敗之地。

學習並非只停留在書本上，社會就是一所大學，到處都有學習的機會。向成功者學習就是一個不錯的學習方法。

每個人成功的方法都不一樣，譬如說，有的人成功是因為背後有個「有能力」的爸爸，有的人是因為娶了能幹或有錢的老婆，有的人是因為有熟人提拔……。但也的確有人是從基層一步一步，透過自己的苦幹實幹努力上來的。

面對未來，遙想「成功」二字，你是不是也有無從邁步的困惑？如果有，不妨看看別人成功的原因，學習一下他們的「成功模式」。

或許你會問：學習別人的成功模式就會成功嗎？

答案是：「不一定。」因為是否成功還受個人條件、努力的程度和機遇等因素影響，並不是學習別人的成功模式就一定可以成功。但至少他們的成功模式是種借鏡，讓你有方向可循，這絕對比漫無頭緒，不知何去何從好千百倍。

那麼，要怎樣才能找到一套適合自己的「成功模式」？

首先，你要找出一位你認為可以借鑑，值得仿效其「成功」的目標人物。這個人可以是你的朋友、你的親戚、長輩、同事，也可以是有名望的社會人士，更可以是那些勵志書裡的傳記人物。你可以向他們學習，嘗試他們的成功之道。一般來

說，人人都喜歡談成功而忌諱談失敗，所以他們會吝嗇的告訴你他們的成功經驗。至於社會人士的成功之道，則可以從報章雜誌得知，傳記人物的成功之道，傳記裡也會寫的很清楚。

任何人的成功模式都有可能套用在你的身上，但有幾種「模式」你必須排除，絕對不可簡單地「套用」。

—— 因機遇而成功的人。因為他有機遇，而你不一定也有那麼好的機遇，而且機遇是不可等待的。

—— 因家族支持而成功的人。例如有一位「有能力」的父親或龐大的產業。這種人的成功比一般人省力許多，你若無此條件，則這種人的成功是根本不值得學習的。

—— 因配偶的才幹或金錢而成功的人。因為你不一定會有個能幹或有錢的配偶。

—— 因某人提拔而成功的人。因為你不一定會碰到願意提拔你的人。

—— 因不走正路而成功的人。不走正路危險性很高，這種險不能冒，也不值得冒。

那麼，該選用什麼樣的「成功模式」？你應該選擇那些靠自己成功的「成功模式」加以借鑑，而且這個「模式」最好是與你同行，所處的環境、個人條件和你接近的。你可以把他的成功經驗歸納成以下幾點：

—— 他是如何踏出第一步以及第二步、第三步？

—— 他如何累積實力？

—— 他如何突破困局，超越自己？

—— 他如何管理內外的人際關係？

—— 他如何規劃一生的事業？

你可以根據自己的特點照著做，當然也可以只模仿其中的若干方法，或是根據他的模式來修正你的方向。不過，「成功模式」再好，重點還是在於執行，你若不當一回事，則這模式就不可能發揮效用。說穿了，成功模式只不過是自己「努力」而已，肯努力，就會有實力，有實力才會帶來好機遇。

生活是一部「無字書」，唯有善讀者，方能學以致用、舉一反三。我們不僅可以以成功者為師，還可以以失敗者為師。「以成功者為師」強調的是學習別人的成功之處以自用，而「以失敗者為師」強調的是學習別人的失敗之處以避免重蹈覆轍。因此，它們其實是辯證的總和。

任何失敗都是有原因的，不管是主觀還是客觀因素，不過要了解失敗者的失敗原因不太容易，失敗者往往不願談失敗的過去，因為這會觸痛他的傷心之處。如果你找到失敗者本人，他大概也不會告訴你真相，他只會告訴你，他的失敗是因為經濟不景氣、朋友拖累、銀行緊縮銀根，或是被出賣、被騙、被倒帳……屬於他個人的能力、判斷、個性上的問題，他是不會告訴你的；何況有些失敗者根本不知道他失敗的真正原因。因此要了解失敗者的失敗原因，還得多方蒐集資料，參考專家的分析，了解同行的看法，至於這位失敗者的個人條件，可從他的朋友方面了解。

當把資料蒐集充分了，把它一條條列出來，仔細分析，再歸納成幾個重點。

　　不過並不是了解了就可以變成自己借鑑的模式，還要把你所觀察、分析到的東西用在實際中檢驗，和失敗者的經歷做對照比較。如果你的個性、能力和其他主客觀因素都有和那位失敗者相似之處，那麼就要提高警覺。弱的地方要加強，不好的地方要改善，這樣才可避免和失敗者犯同樣的錯誤，成功的機率自然會大大提高。

　　除了經營事業要以失敗者為師之外，一般做人做事也應以失敗者為師。

　　在做人方面，看看誰和誰相處的不好、誰得罪了誰、誰不受歡迎，參考他們的個性、觀察他們平時的來往和作為，你就可以知道他們做人失敗的原因在哪裡。

　　在做事方面，「失敗者」的例子更多，這裡所謂的「失敗」包括做得不盡完善的事，這些事一般都由旁人進行評論，這種評論有時只是應付而已，但因為近在身邊，所以不管評論是不是在「應付」，你都會有不錯的收穫。

　　曾有某將軍說過，兩軍對陣，誰犯的錯誤少，誰就得勝。做事也是一樣，犯的錯誤少，成功的機率就高，而要減少錯誤，就是「以失敗者為師」，這種教訓並不需要你以失敗去換取！

　　學以致用方為正道。知識只有在運用時才能產生力量。一個人不能為學習而學習。人之所以學習，其目的應該是增加智慧，讓我們更向上、更幸福、更有用，在追求更高的人生理想時，能讓我們更善良、更熱情、更能幹。努力學習，掌握更多的知識，把自己的聰明才智發揮出來，這是成功者必須做到的。

　　培根在提出「知識就是力量」的口號後，又作了補充，他說：「學問並不是各種知識本身，如何應用這些學問乃是學問以外的、學問以上的一種智慧。」也就是說，有了知識，並不等於有了與之相應的能力，運用與知識之間還有一個轉化的過程，即學以致用的過程。因此，我們在學習知識時，不但要讓自己成為知識的倉庫，還要讓自己成為知識的熔爐，把所學的知識在熔爐中消化、吸收。

　　我們應結合所學的知識加以運用，提高自己運用知識和活化知識的能力，使自己的學習過程轉變為提高能力、增長見識、創造價值的過程。我們還應加強知識的學習和能力的培養，並把兩者的關係調整到最佳位置，使知識與能力能夠相得益彰、相互促進，發揮出前所未有的潛力和功能。

養成思考的習慣

　　有一天深夜，著名的物理學家拉塞福（Ernest Rutherford）走進自己的實驗室，看見一個研究生仍勤奮地在實驗臺前工作，就關心地問：「這麼晚了，你還在做什麼？」

　　「我在工作。」

　　「那你白天在做什麼？」

　　「白天也在工作。」

　　「你整天都在工作嗎？」

　　「是的，老師。」研究生謙恭地回答。

拉塞福沉思一會，然後問道：「你很勤奮，整天都在工作，這當然是很難得的，可是我不得不提醒你，你用什麼時間來思考呢？」

西方流行一句十分有名的諺語，叫做：「Use your head.（用用你的頭腦。）」許多有名的智者一生都在遵循這句話，為人類解決了很多難題。

在現代社會裡，每個人都想盡辦法來解決生活中的一切問題，而最終的強者也一定是辦法最得當的那些人。

世界著名電腦商 IBM 公司的前任總裁華生（Thomas J. Watson）就是特別注重辦事方法的人，且他非常捨得花時間和金錢來培訓員工們思考問題及想辦法的能力。他曾對外信誓旦旦地說：「IBM 每年員工教育訓練費用的增長，必須超過公司營業的增長。」事實也的確如此。

在全世界 IBM 管理人員的桌上，都會擺著一塊金屬牌，上面寫著「THINK（思考）」。這一字箴言，是 IBM 的創始人華生創造的。

1911 年 12 月，華生還在 NCR（國家收銀機公司）擔任銷售部門的高級主管。有一天，寒風刺骨，霪雨霏霏，氣氛沉悶，無人發言，大家漸漸顯得焦躁不安。華生突然在黑板上寫了一個很大的「THINK」，然後對大家說：「我們共同的缺點是，對每一個問題沒有充分思考，別忘了，我們都是靠動腦筋賺得薪水的。」

在場的 NCR 總裁約翰‧派特森（John Patterson）對「THINK」一詞大為讚賞，當天，這個詞就成為 NCR 的座右銘。

三年後，它隨著華生的離職，變成了 IBM 的箴言。

其實，「THINK」是華生從多年的推銷經驗中孕育出來的。他在 1895 年進入 NCR 當推銷員時，同事告訴他，推銷不需要特別的才幹，只要用腳去跑、用口去說就行了。華生的腳底都磨出水泡了，但業績一直很不理想。後來，他改變了推銷的策略，把不少精力放在區域分析、客戶調查上。與此同時，他也非常注意推銷技巧，隨時根據客戶的態度調整自己的言辭。幾個月後，他成了 NCR 的銷售冠軍。

刀愈磨愈鋒利，人的頭腦愈用愈聰明。熱忱的行動只有播種在思考的土壤裡，才能開出最美麗的花朵。所謂「行成於思毀於隨」，說的就是這個道理。著名成功學家拿破崙‧希爾（Napoleon Hill）在《思考致富》一書裡舉了一個形象比喻：

「若把你的思想當作一塊土地，經過辛勤且有計劃地耕耘，就可以把這塊土地開墾成產量豐富的良田，或者也可以讓它荒蕪，任由它雜草叢生。」

「想要從你的思想中得到豐收，你必須付出種種的努力和投入各種準備工作，這些工作的安排和執行就是正確思考的結果。」

拿破崙‧希爾還認為：「世界上所有的計畫、目標和成就，都是經過思考後的產物。你的思考能力，是你唯一能完全控制的東西，你可以用智慧或愚蠢的方式去運用你的思想，但無論你如何運用它，它都會顯示出一定的力量。」

杞人憂天來自於思考，運籌帷幄也來自於思考。不同的思考方式決定了不同的人生。我們需要養成的是運籌帷幄式的、

理性的思考方式。

　　一個思想有條理的人，在遇到問題時能分清主次，抓住問題的核心。一個思考有條理的人，能以簡明的方法，促使別人更了解自己。不論是什麼樣的機遇，一旦需要展現自己才能時，他們必能付之行動，而且必然會獲得良好的效果。尤其在現代的社會競爭裡，能有效地表達自己意念的人，成功的機會一定更多。

　　每個人都應該努力把自己訓練為理性的思考者。雖然理性思考的過程是相當複雜的，但它基本上可分成三個階段。若能仔細研究這些步驟，判斷力必能獲得相當的改善。

1. 找出問題核心

　　開始時必須了解問題的癥結所在，否則必定無法深入問題核心。有些人常常在固定思維的路上徘徊，作不出決定，原因就是沒有找到問題的癥結所在。猶如一道簡單的數學題，如果不了解題目的目的，就無法解題。

　　舉一個簡單的例子，如果有人因為靴子磨腳，不去找鞋匠而去看醫生，這就是不會處理問題，沒有找到問題的核心。從這裡我們就可以理解，為什麼去掉枝節、直搗核心才是最重要的步驟，否則，問題本身和影子會纏繞成一團而解不開。有問題時，就該想想這個例子，一定要掌握住問題的核心。能夠找出問題的核心，並簡潔地歸納總結出來，問題就已解決了一大半。

2. 分析全部事實

在了解問題真正的核心後，就要設法蒐集相關的資料和訊息，然後進行深入的研討及比較。應該要有科學家做科學研究時那樣的審慎態度。解決問題必須採用合理的方法，做判斷或做決定都必須以事實為基礎，同時，從各個角度來分辨事理也是必不可少的。

例如，現在有一道簡單的問題，為解決這個問題就在備忘錄上列出兩欄，一欄列出每一種解決方案的好處，另一欄列出各種解決方案的弊端，同時把相關的事項全部記入。之後，就可以比較利害得失，作出正確的判斷了。

一旦有關資料都齊備後，要做出正確的決定就容易多了。蒐集相關資料，對於理性思考的產生非常重要。

3. 謹慎做出決定

在做完比較和判斷後，很多人往往馬上就能做出結論。其實，此時下結論不必過早。如果情況允許，試著以一天的時間把它丟在一旁，暫時忘掉。也就是說，在對各項事實做好評估之後，就要把它交給潛意識去處理，讓這位善於解決問題的「老手」，幫自己做最後的決定。或許，新的判斷或決定就會浮上心頭，等重新面對問題時，答案已出現了。

小事成就大成績

不要因為是小事就不去做，要把自己實際所得的知識不斷累積起來成為基礎，並作為邁向下一個人生目標的階梯。

只是個人能做的事情，往往與理想的距離較遠，而且做起來也不是那麼容易就可以完成。

平常所完成的「小成績」可以從書本上得到證明，也可以和這方面的專家談一談，如此就可方便地獲得他們寶貴的建議和支持。

這樣一來，小的成績便可以逐漸擴充，從而為自己向高層次的發展奠定基礎。

不管什麼樣的構想都可能是好的，但如果是範圍較大的事情，只是想而不去做，也就沒什麼價值可言了，還不如做點小事情有價值。

事情即使再小，只要「能夠做出成績來」，就是一個了不起的人，對自己的成績有自信心後，就能增加好幾倍的效力。

不管是金錢、能力、地位、事業……在短期內都不可能有太快速的成長，但是在經過五年、十年之後，應該做的事情已經逐漸地熟悉了，這時就可以親身感覺到自己的能力了。

不管任何事情，在進入正常的軌道之前，總會有許許多多的障礙和挫折，尤其是無法得到社會的認可和周圍其他人的協助，當他人無法了解你的苦衷時，你肯定會覺得非常痛苦。

不管是要去完成，還是去改善或改革一件事情，都必須以

「好奇心」為先決條件，但是這種「具有好奇心的人」，在現今的社會裡畢竟屬於少數，有可能是孤獨的，所以當有一個新構想時，此觀念愈新，則外來的阻力就會愈大。因此，一旦有了新的構想，就必須有充足的思考與準備，也許你還會被視為是奇怪的人。

所以我們要充分了解到，在改變正常工作環境或自我革新時，必定會受到一些人的抗拒，或必須做出某方面的犧牲，有時甚至連生命都可能會受到威脅。正因如此，有的人即使有很強烈的好奇心也不敢輕易地提出，因為一旦提出改變方案，往往會受到強烈的反對。像這種社會壓制創新的情形實在是很令人遺憾，但它的確存在。

為了使自己的構想和計畫不至於因為面臨巨大的壓力和周圍的反對而無法實行，就必須努力撐住壓力，頑強地往前闖，也就是從自己做開始，不斷地累積小小的成績，然後逐漸地增加同伴和贊同者。

儲蓄自己的「錢勢」

有時由於沒有太多存款，我們往往會失去許多機會，而這僅僅是因為我們在一帆風順時總是把錢花得精光！所以，對那些已成為「月光族」的人們來說，儲蓄自己的「錢勢」就特別重要了。

我有兩位朋友，曾一起任職於北部一家小型的金屬表面清

洗劑廠。周先生於 1990 年北上，至 1995 年就升為該廠的業務經理，月薪兩萬多元。當時在家鄉拿一萬多元月薪的田先生聞訊趕來投奔周先生，並在其位子底下當業務員。一年之後，田先生每月的薪資也有兩萬多元。當然，此時周先生月薪近三萬。周先生和田先生當時的薪資，也算高收入了。周先生崇尚高消費，每月的薪水皆揮霍殆盡，是典型的「月光族」；而田先生卻精打細算，幾年下來存了十幾萬塊。2001 年的美國「九一一」事件，讓以出口企業為客戶的金屬表面清洗劑廠一度陷入資金周轉危機。早已涉足房地產且生意興隆的工廠老闆打算將清洗劑廠平價轉讓，全心全意去做房地產生意。田先生得知這消息後，與周先生商議共同出資，買下該廠。周先生認為此舉甚好，但苦於拿不出錢，無法與田先生聯手。於是，田先生四方籌錢，加上自己的積蓄，終於以理想價位取得該工廠。

　　2002 年，田先生的工廠業務逐漸回穩，態勢良好，已貴為老闆的田先生仍然精打細算。2003 年春季，田先生的工廠再次遭遇困境 —— 「SARS」流行，使他的產品滯銷，幸虧他手上仍有 2002 年賺的一筆不大不小的積蓄，終於挺過難關。

　　現在，田先生的工廠又恢復了往日的欣欣向榮。不同的是，以前田先生是周先生的下屬，而現在田先生是周先生的老闆。周先生每每談及此事，感慨良多。

　　許多人通常都不能正確評估儲蓄的巨大價值。這是一個機遇問題，機遇通常只垂青於那些有準備的人。人們無法抓住機遇的藉口之一常常是沒有錢。如果你存一些錢的話，總會有很多機遇的，因為儲蓄一定的存款，實際上是在儲蓄機會。

每個人都應當有儲蓄的遠見和機智，這不僅能讓自己在生病、面對死亡等不可預知的緊急情況下泰然自若，而且萬一遭受重大損失，還有機會讓自己東山再起。沒有儲蓄，可能會多年都不得翻身，尤其是在還有一大群人指望自己供養的情況下。

因此，儲蓄金錢，就是儲蓄機會。

美國人詹姆斯・希爾以前是個貧窮的年輕人，擔任月薪只有 30 美元的電報員工作。他有了成立「北方大鐵路系統」的念頭，但對他當時的經濟能力而言，這是絕對不可能的事。還好，他早就養成了儲蓄的習慣，雖然他每個月只有微薄的薪水，但總算有足夠的存款，供他動身前往芝加哥，說服當時的投資商資助他的計畫。他只有微薄的薪水還能繼續存錢，這個事實被資本家認定他是個可以把錢託付給他的安全人物。許多生意人不會輕易把錢交給他人處理，除非這人能證明他有能力照料這些錢，並妥善加以運用。這種考驗是十分實際可行的，但對那些尚未養成儲蓄習慣的人來說，可能會經常感到很難堪了。

有個年輕人，多年來一直領有高薪，但卻沒有存下任何錢，不過他總是想儲蓄。他每年都想著至少要存十幾萬元，但到了年末，他總是發現所有的錢又都不見了。

有一天，有人問他去年的錢到哪裡去了，他想啊想，原來直到此時，他才發現自己從來沒有審視過自己的開銷。他坐下來仔細計算每一項必需支出，但最後發現這部分開支不到他收入的四分之一。看來，他把所賺到的四分之三的錢全都用在了不知什麼時候發生的玩樂上。從此以後，他下定決心必須把每

月一半的收入存起來，就馬上到一家銀行開了戶。他沒有犯那種大多數人都會犯的致命錯誤，就是想等到有一大筆錢以後再儲蓄。

在很短的時間內，這個年輕人驚訝地發現，只要有了強烈的動機，儲蓄其實是件很容易的事情。但是他也覺得很奇怪，為什麼當他有了點儲蓄，看到帳上的錢愈來愈多，計劃買間房子，並想當老闆做生意時，自己會感到很高興。第一年結束時，他在銀行裡有了相當可觀的存款，而他也發現自己並沒有失去任何歡樂，反而獲得真正有利於身心的愉悅。他改掉了許多曾經讓他痛恨自己、縱容自己的壞習慣，同時他更加自重，養成了閱讀和自學的好習慣。每個認識他的人都注意到了他的面貌發生了巨大的變化。不久以後，他又在一個有前景的企業裡成為合夥人。

大多數人是難以一下子就成就大事的，要他立即積攢巨額錢財也往往是不可能的，但是他們能夠日積月累地慢慢儲蓄，最終還是能憑自己的理財能力創造美好的未來。

人們大多都有花錢花到兩手空空的潛在欲望，尤其是在大都市，很容易把錢花在買菸、買酒、到豪華酒店吃香喝辣等等不良的嗜好上。這使得不少人無法養成儲蓄的習慣，但是最開剛始儲蓄的幾千元往往是很重要的，它可以奠定一個人未來成功和幸福的基礎。

如果你真的想讓你的夢想變成現實，你必須克制自己，每月從收入中扣除一部分，把它存起來。

存少量的錢往往就可以產生巨大的、持久的激勵效應。我

們力求上進的願望和建立自己家園的夢想是一種神奇的動力，可以極大化地增強我們的勇氣，鍛鍊我們的能力，提高我們的效率。

有些年輕人對零錢粗心大意，認為那不過是幾分錢、幾毛錢，又不能讓自己發財，但這卻能使他養成一種有害的壞習慣，甚至可能毀掉他的一生。

大多數人不看重存小錢的價值，年輕人尤其如此。他們覺得等有一大筆錢以後再去存起來，或者進行這樣那樣的投資，而小小的一筆錢根本做不了什麼事。結果他們總是把為數不多的錢放在身上，最終成了浪費的誘因。試想，要花掉這些零錢不就是小菜一碟嗎？

最近，有個年輕人讓我留下了很深刻的印象。他說多年以來他都是把錢隨便放在口袋裡的，結果發現那些錢很快就沒了，因為他買了很多不需要買的東西。之後，他試著把錢放在一個小袋子裡，最後發現儲蓄變簡單多了。他說，這是因為他從小袋子裡拿錢出來時總會考慮一下，三思而後行，發現自己現在有很多東西都不會買了，要是照過去的方式他肯定會買。

錢會吸引更多的錢湧來，這一特性早已被無數事實證明。如果我們願意適當地克制自我，願意為長遠的幸福而放棄暫時的享樂的話，那麼我們手裡日積月累的錢會形成一種受用一生的「勢」，進可以讓我們擁有抓住機會的本錢，退可以讓我們在面臨人生變故時有能力從容應對。更有趣的是，一個擁有「錢勢」的人，機會還會自動來敲門。想一想，有一筆豐厚儲蓄的人，是不是經常會有人上門來洽談合作？

第四章

挽弓當挽強 ——
如何蓄勢（二）

天底下沒有任何一種事業是可以滿足所有人，或讓所有人都不喜歡的，任何一種事業都難免有人會喜歡，有人會討厭，這是因為沒有十全十美。

　　我們要永遠清醒地意識到，對於事業的滿足與否，應基於個人的事業原動力，以及是否能從此項事業中讓自己獲益。因此，我們有必要仔細評估目前的事業，以便發現這項事業是否能給予我們滿足感，是否具有發展機會。

　　而我們只有找到適合自己且具有發展的事業，才能放手順勢，同時保持良好的發展情勢。

下你最為順手的棋

　　洛克斐勒說：「如果人生是一場賭博，那麼我一定會選擇自己最擅長的賭博方式。」或許把人生當成一場賭博，在有些人看來，似乎太陰暗與慘烈了些。那麼，我們不妨把人生當成一盤棋，並下好這盤棋。學一學洛克斐勒的處世方法：選擇自己最順手的棋。只有自己下得順手的棋，才能將棋勢演繹得更好，有更大的贏面。

　　在幼年與少年時期，我們可能還不知道什麼是適合自己的事業，這種現象很正常。而等我們步入社會後，如果還是像兒時那樣懵懵懂懂，則前途黯淡。

　　三百六十行，行行出狀元，總有一行的狀元應該是屬於你的。選對下哪種「棋」極為重要。選對了，可以成為成就事業的基礎；選不對，將會遇到不少彎路及坎坷。所以，在確定職業

之前，應該考慮你所從事的職業是否符合自己的志向、興趣和愛好，與所學專業是否相近，還要考慮其社會意義和未來的發展前景、必要的工作環境和保障條件。

首先，要認清現實的處境。現實需要生存的本領、競爭的技巧和制勝的捷徑，要勇於面對社會無情的選擇或殘酷的淘汰。這個時候，是你在選擇別人，還是別人也在選擇你，沒有退路，只有向前走。要了解有成功者就必定有失敗者，這很正常。千萬不可爭強好勝，鑽進牛角尖裡出不來。遇到難題，不妨換一個角度重新思考一下，試著把自己的位置放低一點，說不定很快就能柳暗花明了。

其次，要結合自己的興趣。興趣，是一個人力求了解、掌握某種事物、並經常參與該種活動的心理傾向，有時，興趣是學習或工作的動力。當人們對某種職業感興趣，就會對該種職業活動表現出肯定的態度，就能在職業活動中提升正面心理活動的積極度，表現出開拓進取、刻苦鑽研、努力工作的態度，有助於事業的成功。反之，如果對某種職業不感興趣，硬要強迫做自己不願做的工作，這無疑是一種對精力、才能的浪費，也無益於進步。

再者，要符合自己的性格。性格是指一個人在生活過程中所形成的、對人對事的主張，和透過行為方式表現出的心理特徵，是一種生活態度，也是一種行為習慣。譬如有的人對工作總是赤膽忠心、一絲不苟、踏實認真；有的人在待人處事時總是表現出高度的原則性，堅毅果斷、有禮貌、樂於助人；有的人在對待自己的態度上總是表現出謙虛、自信的特質。人的性

格差異是很大的。有的人傲氣、潑辣；有的人熱情、活潑；有的人深沉、內向；有的人大膽、自信而耐心不足；有的人雖耐心謹慎，卻膽量、自信不足等等，不一而足。性格是由各種不同特徵所組成的，性格與氣質不同，其社會評價也有明顯的好壞之分。性格對氣質有深切的影響，在某種程度上性格能夠掩飾或改造氣質。個性還對能力的形成和發展產生制約作用，社會上幾乎每種工作都對性格品質有特定的要求，要選擇某一職業就必須具備這一職業所要求的性格特徵。例如：身為一名藝文工作者，除了要具備此職業所要求的氣質、能力外，其個性應具有活潑、開朗、情感豐富等特徵；身為一名教師，除了具有豐富的知識外，還應具備熱愛學生、對工作熱情負責、正直、謙遜、以身作則等良好品格；身為醫生，則被要求要有人道主義精神、富有同情心、責任感和一絲不苟的工作態度。事實證明，沒有與職業要求恰當的良好性格素養，很難順利地適應工作。

最後，要根據自己的能力。能力會直接影響工作的效率，是工作能順利完成的心理特徵。它可以分為一般能力和特殊能力。例如：觀察力、記憶力、理解力、想像力、注意力等都屬於一般能力，它們存在於廣泛的工作範圍中；而節奏感、色彩鑑別能力等屬於特殊能力，它們只會在特殊領域內發生作用。社會上任何一種職業對從業人員的能力都有特定的要求，如果缺乏某種要求的特殊能力，即使你有機會得到這份工作，也會難以勝任。所以，在選擇職業時，絕不能好高騖遠或只從興趣出發，而要實事求是地檢驗一下自己的學歷程度和職業能力，這樣才能找到「有用武之地」的合適工作。對於會計、出納、統

計等職業，工作者必須有較強的計算能力；對於工程、設計、建築規劃甚至裁縫、電工、木工、修理工等職業的工作者，需要具備對空間判斷的能力和抽象思維的能力；而對於駕駛、飛行員、牙科醫生、外科醫生、雕刻家、運動員、舞蹈家等職業的工作者，則要具備手眼與肢體的協調能力。

適應社會發展的大勢

人身為社會中的一分子，力量之渺小，猶如大海中的一滴水珠。社會發展的潮流，以它無法抗拒的力量裹挾著每一個人前進，個人只有努力調整自己的方向去適應潮流，方能在有限的人生裡掀起幾朵漂亮的浪花。

時勢造英雄，再偉大的英雄，也只是時勢的產物。武昌起義的一聲槍響，結束了中國的封建帝制，表面上看似是英雄們造就了時勢，實際上英雄們只是做了一件符合歷史發展的事。晚清政權不符合歷史潮流的方向，當時的歷史需要一種進步的、民主的制度。於是，阻礙歷史發展的絆腳石進了墳墓，革命者走上了歷史的舞臺。

無論你是從事哪種行業，做的時間愈長，相對來說自身在這一行業的優勢就會更多。因此，我們在規劃事業方向時，應該把社會發展的大勢納入考量的重點之一。發現「彼得原理」的勞倫斯·彼得（Laurence Peter）說過，我們曾目睹一些光榮古老的行業消失，並深感惋惜。像馬車製造者、鐵匠、車伕等，由於現代文明的來臨而成為時代的落伍者。由此我們不難理解，

一個投身某行業的技工（或老闆），在他精通此行業的技藝（把企業做大）之前，就可能會發現他向上爬的梯子已經被移動了，有時，甚至是早已消失了。

　　彼得還舉了以下這個例子：鄧德因找不到固定的工作而大為不安。他去拜訪職業顧問。這位顧問解釋說，你找不到固定的工作是因為你學歷太低而且沒有掌握吃得開的技藝。為此，職業顧問推薦鄧德去上修鞋課。他說，你學到這門技藝，今後就可高枕無憂了。鄧德頭腦靈敏且意志堅定，不久就修完規定的課程了。但當他去找工作時，卻發現沒有地方願意僱用他。這是因為，修鞋是一門古老的技藝，修鞋業是一種日漸衰落的行業，人們很少再去修鞋，而是把舊鞋丟了再買新的。這個城市的修鞋店已經有不少因此而被迫關門了。所以，可憐的鄧德花了很多精力，最後爬上的是一個連自己也支撐不住的梯子。

　　鄧德的教訓在於，他選擇自己的事業時，對社會的未來狀況缺乏了解，不懂得他所選擇的是社會正在拋棄的。透過鄧德的教訓，我們也可以思考自己的目標是否與社會發展的方向相吻合。不要把預知可能會被社會淘汰的事物，當作個人的奮鬥目標。

　　凡事豫則立，不豫則廢。做出抉擇之前，我們有必要對相關的情況進行合理的了解和分析，以提高選擇的正確性。

　　在現代社會，需要預測的未來情況實在太多了，既有宏觀的，又有微觀的；既有社會的，又有家庭的；既有經濟的，又有政治的。而且，由於目標不同，所預測的內容或重點也千差萬別。一般來說，以下幾點十分重要。

1. 預測需求的變化所要選擇的事業

只有適應社會的需求才會有價值，而社會的需求又是千變萬化的，今天的「熱門」可能瞬息變成了「冷門」；而今天的「冷門」明天也可能變為「熱門」。這就需要從種種跡象來對未來社會的需求狀況，作出分析預測。在市場經濟條件下，實現目標更是強調適應需求的變化。

2. 預測時代的潮流

時代的潮流也是千變萬化的。適應時代潮流的選擇，才是值得做出的選擇，才是實現價值的選擇。換言之，只有適應時代潮流，才能適應社會需求。因此，在做出選擇之前，有必要對社會潮流的變化加以關注和預測。

3. 預測「規則」的變化

無論做什麼事，都要本著一定的規則進行。即使違規，也有違規的「規則」。而在變革的年代，規則是不停地變化著的，這對一個人的選擇有重大的影響。簡單地說，假如你順著過去的規則，經過努力可以如願以償；可是，如果在你朝著選擇的路徑邁進時，規則變了，但你仍照老規則行事，那將必敗無疑。可見，在確立自己的事業方向時，首先要順應社會發展的大趨勢。那種脫離社會現實、一廂情願的選擇，難免步入「覆巢之下，焉有完卵」的無奈境地。

該選擇什麼樣的公司

　　無論是從商、從政還是受聘上班，工作本來就沒有優劣之分，只有是否適合之別。基於大多數人選擇受聘上班，我在這一節談談該選擇什麼樣的公司這個話題。

　　確定了事業發展的大方向後，我們接下來應該選擇一家有相關職位的公司。每個行業都有很多公司，而每家公司的前途和命運大不相同。一旦我們選擇了一份職業，就一定要選擇一家與職業相關的公司。

　　當今是個開放性的社會，工作也是雙向的選擇。部門有權選擇你，你也有權選擇部門。樹挪死，人挪活，好莊稼要種在沃土裡。

　　選擇公司要視自己的情況而定，公司的優與劣、大與小之間並非絕對，尤其是對具體的個人而言。人的能力在不斷成長，職業生涯也在不斷變化，不同階段選擇公司也應有不同的標準。問一問自己處於哪個階段？這一階段有些什麼特別之處？職業生涯規劃中有「三個三年」的說法，對於讀者來說有一定的參考價值。

第一個三年：學習期

　　這是從學校畢業進入職場的前三年，個人目標主要應放在各個層面的學習上，工作所需的技術、為人處世的態度或者團隊工作的相關經驗等，都將會是未來馳騁於職場的必需品，

切勿過分要求公司的薪水或獎金的多少。在這時期，你需要接受培訓，需要有一個能鍛鍊的公司，並在最艱苦的環境裡參與實際工作，獲得實際體驗，學習技術常識，增強職業上的自信心。因而在這一階段，學習適應社會的複雜性重於薪水，報酬並不重要，重要的是什麼樣的工作環境都要學會應對，為將來「跳槽」做好準備。

第二個三年：整合期

第一個三年以後，應學會將公司所面臨的各項優劣勢及客觀條件，結合個人的能力加以整合運用，在適合你的崗位上發揮最大能力。

與此同時，還要努力向外擴展，帶動自己的人脈成長，而不要只是抱怨公司的格局太小，總有一種壯志難酬的遺憾。只要能夠讓自己的能力充分發揮，勢必會打破原有的桎梏，拓展自己的人際關係網絡。因此，這一時期不要太過考慮公司能帶給你什麼樣的利益。

第三個三年：創建期

創建期的三年，已經進入了「學有所成」的階段，是施展真功夫的時候了。此時發揮個人實力，往往比所處職位的高低更為重要。在職場上成長至此，已經具備了各種基礎能力，應該全力發揮儲備的實力，同時要學會揚長避短，這樣你在職場中的社會地位將會有所提升，謀求更進一步的職位也只是早晚

的事了。如果你所在的公司能夠肯定你的能力，給你一個相對應的職位，你就可以大刀闊斧地努力一番，即使公司規模不大，只要你能充分發揮自己的實力，也就不必再去選第二家公司了。不然，就毫不猶豫地選擇更適合自己的工作崗位，另謀高就。

職場上這「三個三年期」是不斷變化發展的，作為職業媒介的公司也是一樣，公司的運轉也是有生命週期的，習慣上也被分為成長期、發展期、成熟期、衰退期。與此相應，這四種公司對員工的需求也各有不同。要選擇前三種公司去施展自己的抱負，實現自己的理想。

○ 成長型的公司給人一種蓬勃向上、輕鬆愉快的氛圍，公司從老闆到員工都顯得年輕而有活力。成長型的公司往往喜歡選擇一些能吃苦耐勞的人作員工。

○ 發展型的公司在市場拓展過程中能展現出驚人的速度和贏得激烈市場競爭的高明策略，有一種初生牛犢之勢。發展型的公司需要具備強大市場開拓能力的人作為員工。

○ 成熟型的公司展現嚴密的管理制度和成熟的業務形態，許多管理方面的東西是值得借鑑和學習的。成熟型的公司則會選擇一些高學歷、高素養、有管理經驗的職業經理型的人才。

○ 衰退型的公司表現為人心渙散，暮氣沉沉，不管員工多麼努力也只能是得不償失。雖然這類公司也在應徵試用人才，力圖改變頹勢，但你千萬不要涉足。

該選擇什麼樣的老闆

在一個公司裡，「老闆」是核心，是不折不扣的「靈魂人物」。老闆的眼界、能力和管理方法對公司未來的發展有決定性的作用。因此在選擇公司時，老闆的風格和為人便成了必不可少的判斷依據，因為只有好的老闆才能讓自己在這樣的公司裡得到良好的鍛鍊和發展。

找工作時，老闆有權選擇員工，同樣，我們也有選擇老闆的權力。一個成熟的商業社會，企業發展相對穩定，創業已經變得愈來愈不容易了，有更多的人在人生某階段，甚至一輩子，可能都要扮演受僱者的角色。因此，對大多數人來說，選擇一位值得追隨的老闆，是個人前途的最大保障。

一生中能允許幾次錯誤的選擇呢？如果選擇不當，在剛剛踏入社會的黃金階段就連換三五個工作，或是一成不變地守住一個公司，成功的機會便大大降低了。謹慎地選擇可以追隨的老闆，是你一生中為數不多的最重要決策之一。

好公司的好老闆，能夠培養我們更多的能力和信心，能夠提供給我們更多的幫助。同樣，即使在一個不怎麼景氣的公司，如果能遇到一位好老闆，也會獲得更多的效益。如果我們抱持著向老闆學習的態度，選擇一個好老闆就顯得更加重要了。

畢竟，物以類聚，人以群分，與什麼樣的人交往，對個人的成長影響頗大。俗話說「近朱者赤，近墨者黑」，長久地生活在低俗的圈子裡，無論是道德還是品味上的低俗，都不可避免地會讓人走下坡路。我們應該努力地去接觸那些道德高尚、學

識不凡的人，這樣才能促進自己的提升。

一名職業培訓師到某大學做職業生涯規劃的演講，一名學生問他：「選擇公司最重要的因素是什麼？」培訓師反問他：「你認為你最重視的是什麼？」學生的回答不是薪資、福利等人們普遍關心的問題，而是「值得追隨的公司領導者」。

老師追問：「為什麼你要把企業領導者列為最重要的因素？」這位聰明的年輕人滿懷自信地回答：「只要跟對老闆，學得真本事，一輩子都受用，還怕沒有機會出人頭地嗎？」

這位年輕人的理念正是我們所要推崇的，而他尚未踏出校園，也還沒接觸過社會深沉的一面，但他懂得第一份工作應選個好老闆來跟隨，也算得上是有遠見了，而今這名學生已成了微軟重量級的管理人員。

無論求職時對即將從事的工作進行了多麼深入的研究，但你只能找到一份工作。如果你遇到的老闆不是那種慧眼識英雄的人，你的能力和貢獻都是白搭，甚至他還會毫無緣由地打壓你，讓你內心產生失落感，讓你產生對工作的厭倦以及心靈上的傷害。

關鍵問題是：好老闆在哪裡？其判定標準又是什麼？

好老闆的臉上沒有貼標籤，職場中的你需要練就一雙慧眼。概括而言，選擇以下三種類型的老闆是不錯的選擇。

1. 選擇值得信賴的老闆

如果你選擇的老闆是個扶不起的阿斗，你把精力、能力浪

費在他身上，豈不是白費心思？那麼什麼樣的老闆值得信賴呢？值得信賴的老闆應該具有以下特質：

(1) 有魄力，但不莽撞；

(2) 刻苦勤勞，做事嚴謹；

(3) 做事細心，反應機敏；

(4) 具有創新精神；

(5) 對待員工寬厚，但不縱容；

(6) 重視商譽，不投機取巧；

(7) 在所屬業界有良好的人際關係網絡；

(8) 自制力強，有出淤泥而不染的特質；

(9) 有識人與用人的才能；

(10) 有擴展事業的雄心和理想，具有積極向上的精神。

2. 選擇能和自己員工患難與共的老闆

如果你在中小企業工作，要有犧牲眼前利益的精神，把公司的發展當成自己的發展。在小公司工作肯定比在大企業辛苦，薪水也比大企業少，你唯一的希望就是學會在小公司裡把生意做好，在水漲船高的情形下，你才會有前途。因此，在你進入中小企業後，一定要抱持與公司共榮辱、同患難的決心，把自己的前途賭在公司的事業上。當然，這樣做的前提是，老闆必須是個可值得信賴，能和員工患難與共的人。若不是這樣的老闆，你應該毫不猶豫地選擇離開，否則會浪費你的青春。

3. 選擇具有現代經營理念的老闆

企業的經營管理，已成為綜合性的科學產物，不管是人事的組合、投資的分析、市場的拓展，都有一套系統性的做法。老闆不具備這種新的觀念，企業就沒有前途，你的命運可想而知。

俗話說：「寧和聰明人吵架，不與傻子說句話」，講得就是這個道理。畢竟「良禽擇木而棲」，誰願意讓自己「鮮花插在牛糞」上呢？

當然，老闆在某種程度上是不可能完全符合心目中標準的。但是，你可以創造條件去接近心中認定較理想的老闆。選擇老闆時，不僅需要看老闆的思想意識、對下屬的關心程度及提攜下屬的能力等，還要看你自己的意願和想法，以及你的興趣。有些人在工作中追求的是職務的晉升；有的是追求比較安定的環境；有的是追求比較高的經濟收入；還有的是為了事業的豐盈。目的不同，對老闆的要求不同，選擇老闆的標準當然就不一樣。

跳槽對「勢」的影響

你本來從事的行業如同一棵樹，你已經努力地往上攀爬到一個相當高的位置，但你終於無奈地發現：這棵樹上並沒有美味的果實，或者即使有，但因自身能力的限制根本無法企及，怎麼辦呢？是跳槽？還是繼續待在這棵樹上？

有時，跳槽給人帶來的心靈痛苦，絲毫不亞於離婚。即便是「愛到盡頭，覆水難收」，真要邁出跳槽的步伐，也著實需要付出很大的勇氣，並承擔不小的壓力。有多少人在不幸的婚姻中飽受折磨，就有多少人在不滿的職業裡備受煎熬。

有一位大學畢業生，他的工作讓人感到很意外——是一果菜公司的搬運工。他說他六年前剛從學校畢業時，一時找不到工作，經人介紹到果菜公司當臨時工，賺零用錢。漸漸地，這位「天之驕子」習慣了那份工作和周圍的環境，也就沒有積極再去找別的工作，於是一做就是六年，現已年過三十，由於長期與蔬菜打交道，不僅知識未能跟上時代，連最初的本錢也丟得差不多了。他說：「換工作，誰會要我呢？我又有什麼專長可以讓人用我呢？」所以，他仍在果菜公司當搬運工。

對於這個例子，也許你會說，跳槽有什麼困難的？說跳就跳啊！

也許你是可以說跳就跳的人，但恐怕絕大多數的人都做不到，因為一旦某個工作做久了、習慣了，加上年紀大了點，有家庭負擔，便會失去跳槽時面對新企業的勇氣。因為跳槽表示要從頭開始，怕影響生活規律；也有人心志已經磨損，只好做一天算一天了；還有些可能有人情的牽絆、恩怨的糾葛，種種複雜的原因，讓你「人在江湖，身不由己」。

臺大畢業生賣雞排的新聞一度引起社會的廣泛討論。有人認為工作不分高低貴賤，三百六十行，行行出狀元，沒有哪個行業不好、哪個行業才好之分，因此對於臺大生賣雞排表示支持。其實這些人都忽略了他的個人感受。如果他不喜歡賣雞

排，如果他賣雞排不快樂，如果他喜歡做別的工作且有能力做好，那為什麼他不願跳槽呢？

　　由此引申出的話題是，找工作要擦亮眼，努力去找適合你的工作、找你喜歡的工作、找有發展性的工作，千萬別因一時無業，怕人恥笑而勉強去做自己根本不喜歡的工作！人總是有惰性的，不喜歡的工作做一兩個月，一旦習慣了，往往就會被惰性套牢，不想再換工作了。日復一日，倏忽三年五年過去了，那時再跳槽就更不容易了。

　　轉行對職業發展的「勢」會造成巨大的負面影響，這是毋庸置疑的。從一棵樹上下來去爬另一棵樹，本來所累積的各種資源、資本很多都派不上用場，你需要從頭開始一段新的旅程。所以，很多時候跳槽在客觀上容易造成先前的「蓄勢」付諸東流。

　　其實，跳槽的想法很多人都有過，光是想當然沒什麼關係，如果真的要跳，那麼一定要考慮以下幾個因素：

　　—— 我的公司是不是沒有發展前途了？同行的看法如何？專家的看法又如何？如果真的已沒有多大發展，有沒有其他出路？如果有人一樣做得好，是否說明了所謂的「沒有多大發展」是錯誤的認知？

　　—— 我是不是真的不喜歡現在這個職位？或是這個職位根本無法讓我的能力得到充分的發揮？換句話說：愈做愈沒趣，愈做愈痛苦嗎？

　　—— 對未來所要轉入的行業性質及前景，是不是已有充分的了解？我的能力在新的企業中是不是能如魚得水？而我對新

行業的了解是否來自客觀的事實和理性的評估，而不是因為急著要逃離原有的工作所引起的一廂情願式的自我欺騙？

　　——跳槽之後，可能會有一段時間青黃不接，甚至影響到現有的生活水準，我是不是做好準備了？

　　如果一切都是肯定的，那麼你與其等到樹枯萎、死亡、從樹上掉落受傷，不如趁早自己主動下樹。做生意的老闆，走仕途的官員，不妨也參考一下上面的問題。

第五章

「勢」在人為——
如何聚集人勢

　　一個人能有多大的勢，並不是看他擁有多大的能耐，而是看他能夠調動多大的資源。資源歸根究柢都是由人掌控，如果一個人擁有一張夠強大的人際關係網，他的勢自然強大。全憑他調動關係網絡的資源，就可以幫助自己達成那些個人無法完成的事，所以在某種程度上來說，你擁有多大的「人勢」，就能成就多大的事。

　　有個貶義詞叫「狗仗人勢」，意指狗依仗主人的勢力而趾高氣揚、為非作歹，這句成語常用來比喻某人仗他人之勢而欺人。單從這個成語中，我們也能夠體會到「人勢」力量之大，居然有讓雞犬升天的魔力。其實，「人勢」人人都可以「仗」，但只要不是仗勢欺人，不做昧著良心之事就行。好人仗勢行好事，惡人仗勢做惡行，所以，我們大可不必對「仗勢」諱莫如深，懷有成見。

　　人勢決定了一個人的勢，那麼，又是什麼決定自己的「人勢」呢？是你自己。

　　因為，對於「人勢」來說，「勢」在人為，你自己就是「人勢」棋盤上的棋手。

　　晚清亂世中一枝獨秀的官商巨賈胡雪巖，就是一個善謀人勢的高手，他在總結自己的成功之道時說：「要成大事，先要會做人；而會做人，即是在善於交往中累積人緣。若能做到圓通有術，左右逢源，進退自如，上不得罪於達官貴人，下不失信於平民百姓，中不招妒於同行朋友，能行得方圓之道，人緣大樹定枝繁葉茂，那成大事一定不在話下。」

　　胡雪巖所說的「累積人緣」，意為「擴大自己的人勢」。就像那些圍棋高手一樣，放手做勢，從整體上營造好自己的勢力範圍，然後抱犄角與敵逐，自然勝券在握。

先學禮而後謀勢

　　古人云：「知禮而後仕。」又云先學禮而後問勢。可見「禮」對於個人運勢的影響頗大。禮是大家約定俗成的一套行為規範，展現的是對他人的尊重，同時也展現出自身的修養。一個待人彬彬有禮之人，在人勢的經營上必定十分和諧。反之，處世無禮之人，神憎鬼厭，人人避之唯恐不及。因此，在謀勢一課上，我們說「先學禮而後謀勢」一點也不過分。

　　人是有感情的動物，當人受到別人尊重時，自然會感到快樂；當受到別人輕視時，自然就會覺得氣惱。不管在任何時代，這種人與人相處的關係始終不變，是人類的通性。而促使這種關係相處圓滿的最好辦法，就是「禮」。它代表尊敬、尊重、親切、體諒等意義，同時，也是個人修養的展現。

　　華人個性比西方人含蓄，因此，特別講究禮節。由於太重視繁文縟節，以至於有些人對「禮」的了解有些誤會，他們以為只有在面對長輩、上司，或想討好對方時，才講禮節，對晚輩或沒有利害關係的人，就可以馬虎。

　　甚至還有人認為，禮貌只是社交上的一種方式，並沒有其他價值。如果以這些態度來評斷禮節，豈不是讓人際變成「銀貨兩訖」的交易關係，和做生意又有什麼兩樣？

　　現代心理學指出「自尊是維持心理平衡的要素。」可見每個人要維持心理平衡和健康，都要有活得「理直氣壯」的感覺，也就是要處處想到和做到尊重別人，不僅要注重日常交往的禮節，還要說得體的話，做合適的事，才能處處受人尊重，才能

進一步肯定自己存在的價值。所以，尊重、體諒的「禮」節，絕不是規章條文，也不是虛假問候，而是發自內心最基本，也是最真誠的行為。

既然先學禮而後謀勢，那麼該學些什麼禮呢？彬彬有禮的態度又該是怎麼樣的呢？沒有人生下來就懂禮，家庭、學校、社會……逐漸教導我們成為一個彬彬有禮、有風度的人。那麼，如果每做一件事，都有一套刻板的禮儀在綁手綁腳，是不是很繁瑣呢？

事實並不盡然。因為，有許多禮儀在實際上已成為我們日常生活中的一部分，習慣成自然，我們早已感覺不到它的約束。另外，關於人情往來、社交活動等較特殊的禮節，只要我們基於尊重、體諒別人的心情，不說過分的話、不做傷人的事，要讓別人覺得我們為人、做事很得體，是不難做到的。

所以，禮，絕不能、也絕不是只講求形式，要保持彬彬有禮的態度應該發自內心，且要遵守社會公認的規則。在現實生活中，一定要從尊重他人、關心他人出發，在社交場合中，自然也就能以平實有禮的態度與人交往和溝通。

如果能身體力行，適當的做到「多禮」，則必然「人不怪」而大受歡迎。所以，彬彬有禮的風度，不但能成為你受人尊敬的「飾品」，同時還能讓你擁有最佳的人勢。

地低成海，人低成王

　　地不畏其低，方能聚水成海；人不畏其低，方能孚眾成王。中國古代哲學家老子在說「上善若水，水善利萬物而不爭」時，還進一步闡述了他的觀點：「處眾人之所惡，故幾於道。」所謂「處眾人之所惡」，強調的就是要處於眾人所惡的低位，也就是講做人要謙遜。如果能做到這些，這個人就差不多參透了處世之道——「幾於道」。為人低調是人應該恪守的平衡行為，它能讓周圍的人對自己的認同達到心理上的平衡，不會讓他人感到卑下和失落。非但如此，有時還能讓別人感到高貴，感到比其他人強，即產生任何人都希望能獲得的所謂優越感。這種似乎在貶低自己的「愚蠢」行為，其實得到的更多，如他人的尊重與關照。

　　懂得為人低調，就是懂得人生無止境、事業無止境、知識無止境。海不辭水，故能成其大。山不辭土石，故能成其高。古人云：「鶴立雞群，可謂超然無侶矣。然進而觀於大海之鵬，則眇然自小。又進而求之九霄之鳳，則巍乎莫及」。只有建立在謙虛謹慎、為人低調的基礎上，其人生的追求才是健康、有益的，才是對自己、對社會負責任的，也一定是會有所作為、有所成就的。

　　有些人看起來很平凡，甚至還給人「窩囊」不中用的弱者感覺，但這樣的人也不能小看。有時，愈是這樣的人，愈是在胸中隱藏著遠大的志向，而這種外表的「無能」正是其心高氣不傲、富有忍耐力和成大事、講策略的表現。這種人往往能屈能

伸、能上能下，具有一般人所沒有的遠見卓識和深厚城府。

三國時期的劉備有「三低」最為著名，也正是這「三低」成就了他的蜀漢王國。

第一低是桃園結義。與他在桃園結拜的人，一是酒販屠戶張飛；另一是在逃的殺人犯關羽。而他，劉備，皇親國戚，後被皇上認為皇叔，然而他肯與張飛、關羽結為異姓兄弟。他這一「低」，就將五虎上將張益德、儒將武聖關雲長──兩條浩瀚的大河引得向他奔湧而來。劉備的事業，由這兩條大河開始匯成汪洋。

第二低是三顧茅廬。劉備為一個未出茅廬的後生小子前後三次登門拜見。不論身分地位，只論年齡，劉備差不多可以稱得上是長輩，可這長輩卻連吃兩碗那晚輩精心調製的閉門羹卻毫無怨言，一點都不覺得丟臉。這一低，便又有一條更寬闊的河流匯進他的事業汪洋，也求得了一張宏偉的建國藍圖，一位千古名相。

第三低是禮遇張松。益州張松本來是想把西川地圖獻給曹操，但曹操自從破了馬超之後，志得意滿、傲賢慢士，數日不見張松，見面就要問罪。後又向他耀武揚威，引起眾人譏笑，還差點將其處死。而劉備卻派趙雲、關雲長迎候於境外，自己親迎於境內，宴飲三日，淚別長亭，甚至要為他牽馬相送。張松深受感動，決定把原打算送給曹操的西川地圖獻給了劉備。劉備這一低，就成就了蜀漢王國。

一個人，不管你是否已獲得成功，其實都應該講求謹慎謙和、禮賢下士，更不能得意忘形、狂態盡露。心氣決定你的形

態，形態影響你的事業，學會低調做人，才能成為最終的強者。

在古代，聰明的將軍即使可以一舉把敵人擊潰，但是只要聽說御駕要親征，就常常按兵不動，一定等皇帝來，再打著皇帝的旗號把敵人消滅。

這按兵不動，可能會貽誤戰機，讓敵人緩口氣，而造成很大的損失。那麼，為什麼不一鼓作氣把敵人消滅呢？

此外，御駕親征、勞師動眾，要消耗多少錢財？何不免除皇帝的麻煩，這樣不是更好嗎？

如果你這麼想，那就錯了，錯到可能會有一天莫名其妙被貶職，甚至掉了腦袋。

你想想看，皇帝御駕親征是為了什麼？他不是「親征」，而是要親自來「拿功」啊！

所以就算皇帝只是袖手旁觀，是你打敗敵人，你也得說成都是皇帝的「天威」震懾了頑敵。這樣看低自己、抬高別人，你才能不被猜忌、免遭暗算，才能最終成為真正的強者。因此說，只有那些懂得有勝不驕、有功不傲的人才是真正會生活、會做事的人。表面上看他們似乎是弱者，可他們卻會因此而成為強者，成為前途平坦、笑到最後的人。

打造你的強勢人緣

在我們工作與生活中，常常能接觸到各式各樣不同的人，經過交談及互動，逐漸形成了基本的人緣模式。而隨著自己的

年齡、經歷、學歷及居住地區的變化，你參加活動的需要與機會愈來愈多，人緣也就自然會像滾雪球般不斷擴大，且彼此產生聯結。

一個能稱之為強勢的人緣，如同高手下的象棋，貌似不外顯、不表露，實則銳意無比、暗藏殺機，進可攻城拔寨，守則萬無一失。各種關係盤根錯節卻錯落有致，各色人才濟濟一堂卻上下兼顧，有人會充當你的馬前卒，有人願充當你的衝鋒車，也有人會充當你的殿前士……。

以下，我們來談談在人緣的棋盤上，如何演繹出一局強勢的棋勢。

1. 博采眾長

在人際往來中，不少人常常受方位的鄰近性、接觸頻率的高低性和意趣的投合性等影響，交往的領域往往比較狹窄。

其實，決定交往對象範圍的主要因素，應該是「需要的互補性」，透過交往去獲得「互補」的最大效益。我們應當打破各種無形的界限，根據自己生活、事業上求進步的需要，積極參加各類相應的交往活動，主動選擇有益、有效的交往對象。

如果你發現自己某方面的個性有缺陷，又對某人擁有某方面的個性十分羨慕和敬佩的話，那你為什麼不主動去和他交往、去引發他介紹自己的體會與經驗呢？如果你覺得自己與某人的長短之處正好互補，為什麼不透過推心置腹的交往來取人之長，補己之短呢？

選準對象，抓住時機，主動「出擊」，以己之虛心誠意去廣交朋友，這對博采眾長、克己之短、拓展人緣、完善自我是有很多好處的。

2. 立體交叉

與人交往中所謂的「立體交叉」，可從不同角度去理解，如從思想品德的角度來說，就是不僅要跟比自己德高性善的人交往，也要適當與比較後進的人交往；從個性的角度來說，就是不僅要與意趣相近者交往，還應當與性格迥異、意趣不同者交往；從專業知識的深度和廣度來說，就是不只限與同一文化層次、同一專業行業的人交往，還應發展與不同文化層次、不同專業行業的人交往；從家鄉習俗的角度來說，就是不僅要與同鄉、國內的人交往，還應當發展與異鄉人、外國人的交往……。

日本某研究所所長曾談到「人緣關係網的乘法」：「透過與不同類型的各種人物交往，可以獲得大量的資訊，利用這些資訊，便可以進行新的創造性活動。在與各種不同類型的人交往過程中，不僅可以產生一些新的設想，而且可以使自己的思想更加活躍」。

他還作了這樣的對比：「假如有兩個人，A 的能力為五，B 的能力也為五，他們透過交流，將使兩人的能力產生以下的差別：五 —— 兩人未交往前的能力；五乘以五等於二十五 —— 兩人交換資訊後的能力。」

3. 培養知己

愛因斯坦曾說過：「世間最美好的東西，莫過於有幾個頭腦和心地都很正直的知心朋友」，這種朋友，正如古人所說「道義相砥，過失相規」的「畏友」和「緩急可共，生死與共」的「密友」。

事實上，這種交往和友誼的形成，常常與他們之間「高層次」的交往分不開。能有「高層次」交往的朋友，可以讓人獲得共同的遠大理想和事業上的進取心，在與他們的交往中共同探索人生的意義、科學的真理，有了成績和進步，大家共享歡樂、相互鼓舞；遇到痛苦和挫折，彼此分擔、互相激勵；有了分歧，以誠相見、共求真理；對方有了缺點，直言不諱、不留情面。

北宋時的著名文學家蘇軾與黃庭堅就是這樣的一對知己，兩人常在一起吟詩論句、切磋學問。

有一次，蘇軾說：「魯直，你近來寫的字愈來愈清勁，不過有的地方太硬瘦了，幾乎像樹梢掛蛇啊！」說罷笑了起來。

黃庭堅回答說：「師兄一語中的，令人心折。不過師兄寫的字⋯⋯。」

蘇軾見他猶豫不決、欲言又止，趕快說：「你為什麼吞吞吐吐，怕我吃不消嗎？」

黃庭堅於是大膽言道：「師兄的字，鐵畫銀鉤，遒勁有力。然而有時寫得有些偏淺，就如石頭壓的蛤蟆。」話音剛落，兩人笑得前俯後仰。

正是這種肝膽相照的互相砥礪，使他們之間的友誼與學問更加枝繁葉茂。這種高層次的交往，可以成為我們人緣大廈的堅固基礎。

4. 老少攜手

年輕人離不開老年人的提攜和幫助。然而，由於年輕人與中、老年人在思想、感情、思維方法和心理素養上有較大差異，加上年輕人在青春發育成熟期心理上出現的成人感和獨立性，「代際交往」常被兩代人之間的心理障礙 —— 代溝所阻隔了。

但這種「代溝」是可能而且必須要填補的，因為任何社會階段都要靠各年齡層的人相互幫助，共同作為來發展。這種作為既有選擇性的繼承，也有創造性的發展與創新。老年與青年的矛盾，其實也是推動社會文明進步的動力。要解決好這些矛盾，需要靠兩代人的共同努力合作，而代際交往是兩代人溝通的需要，實現能量互補的有效途徑。

要發展代際交往，年輕人必須虛心客觀地、辯證地認知老年人與青年各自的長短優劣之處，看到代際交往對雙方缺陷的「互補」功能。

培根就曾這樣論述過：「青年的性格如同一匹桀驁不羈的野馬，藐視既往，目空一切，好走極端，勇於改革而不去估量實際的條件和可能性，結果常常因浮躁而改革不成；而老年人經過歲月的磨練後，做事求穩保平安，他們往往思考多於行動，

議論多於果斷。有時為了事後不後悔，寧願事前不冒險。最好的辦法是把兩者的特點結合起來。」

這樣，年輕人就可以從老年人身上學到自己正需要的那種堅定的志向、豐富的經驗、深遠的謀略和深沉的感情。而且，老年人擁有豐厚的人際關係資源，又可以為年輕人提供廣泛的人際關係「門路」。老年人也可從青年人身上學習自己所缺乏的蓬勃朝氣、創新精神和純真思想。

俗話說：「家有一老，如有一寶。」在你的人緣模式中，老年人是必不可少的。

5. 男女不拘

男女關係是人緣模式的一個重要方面。天地之間，陰陽互補，剛柔相濟，兩性的力量結合在一起，可以使人緣的能量擴大到你意想不到的程度。

男人和女人不但在心理上，在其內在的性情品格上，也有許多可以互補的地方。

在行為上，兩性也各有特色。男子步態矯健，女子款步輕盈；男子舉止灑脫，女子動作優雅；男子言談似夏雨，女子說話如春風；男經歷大事能決斷，女生活小事能自主……。

在你的人緣模式裡，男女的組合是不可缺少的。它可以讓你的生活充滿生氣和活力，讓你在整個人際關係圈內煥發出具有生命力的吸引力和無限的能量。

在這裡需要特別指出的是，有些男人認為女人太軟弱，愛

嘮叨……簡直有數不清的缺點，身邊女性朋友多了，閒事就多，自己也會變得婆婆媽媽的。

其實這種想法是大錯特錯。就連持這種想法的人也不得不承認一個事實：在求人辦事方面，女性的成功率往往比男性高得多。這正是因為女性發揮了她們獨特的特質，那就是溫柔和憐憫。

在生活中，我們也常常會發現這樣有趣的事：有些事情讓男人去做，結果愈做愈糟；而讓一位溫柔的女性來處理，反而會有意想不到的結果，事情因而圓滿解決。

6. 上下兼顧

一個合理的人緣模式，必須從下至上、由低到高，由幾個不同的層次組成。一般來說，合理的人脈關係網絡可以分成三個不同層次：基礎層次、中間層次和最高層次。

基礎層次是指家庭關係，包括夫妻關係、父母子女關係、兄弟姐妹關係、婆媳關係、姑嫂妯娌關係及其他長幼關係。

中間層次指親友關係，包括戀愛關係、鄰里關係、朋友關係、親戚關係等。

最高層次指工作關係，包括同事關係、上下級關係等。

只有讓這三個層次組成一個寶塔形結構，一層比一層範圍更窄，一層比一層要求更高，才有利於人脈關係網絡的合理化。

在這三個層次中，任何一個層次都不應當受到忽視。忽視較低層次，較高層次便成為空中樓閣，無法牢固地樹立；忽視

較高層次，較低層次便成了無枝、無葉、無果的根基，發揮不了應有的功能。

因此，在完善人緣模式的過程中，過分沉醉於家庭小圈子而不思進取，或者只想在事業上急於建樹，而置家庭於不顧，都是不可取的做法。

營造你的人情之勢

人情是把鋸子，你一下來我一下去。臺灣人可謂是最講究人情禮數的群體，逢年過節、生日喜慶，你來我往的人情來往，人人都樂此不疲。

我們在營造和諧強大的人勢時，也免不了用上「人情」二字。只不過這裡所謂的「人情」，和傳統的「人情」相比，更多的是注重情誼，而非充滿銅臭味的錢財禮物。

我們都在銀行裡開了戶頭，儲蓄閒錢以備不時之需。在人情處理上，我們也應該開設一個隱性的帳戶，儲存一些能增進人際關係不可缺少的人之常情。這些「存款」可以讓別人對你更加信賴，在必要時會發揮其效用，就算你不慎犯了錯也可以用這筆「儲蓄」來彌補。具備信賴，即使拙於言辭，也不至於得罪於人，因為對方已了解你的為人，不會誤解你的用意。相反的，那種粗野、輕蔑、無禮與失信等行為，都會降低人情帳戶中的「餘額」，甚至透支，那時，人勢就已是脆弱不堪了。

平時，你幫朋友解決了一個困難，朋友便欠了你一份人

情，他必定會回報的，因為這是人之常情。有人覺得，這樣一往一來，彷彿是在做商品交易。其實不盡然。人情的償還，不是商場的交易，錢物兩清，那樣也就太沒人情味了。所謂人情，就是人與人交往中的感情，而感情是無法用金錢衡量的，這就像媽媽愛自己的孩子，誰能用錢衡量出這個愛的大小呢？

　　舉個例子，錢鍾書先生一生日子過得平淡，但困居上海寫《圍城》時，也窘迫過。他家不得不辭退保姆，由夫人楊絳操持家務，所謂「捲袖圍裙為口忙」。那時他的學術文稿沒人買，於是他寫小說的動機就多少摻進了賺錢養家的成分。一天五百字的精工細作，絕對不是商業性的寫作速度。恰巧這時黃佐臨導演上演了楊絳的四幕喜劇《稱心如意》和五幕喜劇《弄假成真》，並及時支付了報酬，才讓錢家度過難關。時隔多年，黃佐臨導演之女黃蜀芹之所以獨得錢鍾書先生的親允，開拍電視連續劇《圍城》，實因她懷揣老爸一封親筆信的緣故。錢鍾書是個只要別人為他做一點事，他一輩子都記著的人。黃佐臨四十幾年前的幫助，錢鍾書先生多年後仍不忘還報。

　　時刻存有樂善好施、成人之美心思的人，就能為自己多儲存些人情的存款。這就如同一個人為防不測，須養成「儲蓄」的習慣，這甚至會讓你的子孫後代得到好處，正所謂「前世修來的福報」。黃佐臨導演在當時絕對沒有想得那麼遠、那麼功利。但後世之事卻給了好施之人一份不小的回報。

　　值得注意的是，生活中經常有這樣的人，幫了別人的忙，就覺得有恩於人，於是心懷高高在上、不可一世的優越感。這種態度往往是很危險的，常常會引發相反的後果，也就是他幫

了別人的忙，卻沒有增加自己人情帳戶的存款，而正是因為這種驕傲的態度，把他這筆存款抵銷了。

因此，在提供幫忙時，應該注意下列事項：

第一，不要讓對方覺得接受你的幫助是一種負擔；

第二，幫助別人要做到自然誠懇，有時，對方也許無法強烈地感受到你關懷他的良苦用心，但是日子愈久，他就愈能體會到你的關心，能夠做到這一步當然是最理想的；

第三，幫忙時要高高興興，心甘情願，不可以被迫而為。

如果對方也是一個能替別人考慮的人，你為他幫忙的種種好處，絕不會像射出去的箭一去不回，他一定會用別的方式來回報你。對於這種知恩圖報之人，應該經常給他一些幫助。

總之，人情往來，幫忙是互相的，切不可像做生意般赤裸裸地充滿銅臭味，一口一個「你幫了我的忙，下次我一定幫你」，這類話忽視了感情的交往，會讓人興味索然，彼此的交情也維持不了多長時間。

效率地調整檢視手中的關係

世界上的一切事物，都處於不斷地流動、變化和發展中。我們的人脈，如果不隨著客觀事物的發展而發展，就會逐步處於落後、陳舊甚至僵死的狀態。因此，一個合理的人際關係網，必須具有能夠進行自我調節的動態功能。動態原則反映了人脈在發展變化過程中前後聯繫的客觀要求。

在實際生活中，需要調整人際關係網的情況一般有三種。

1. 奮鬥目標的變化

也許你的奮鬥目標已經實現，也許你的奮鬥目標已經發生了變化，比如棄政從商了，就需要你及時調整人際關係網，以便更有效地為新的目標服務。

2. 由於生活環境的變化

在現今這種開放社會，人口流動性空前加快，本來在臺南工作的你，也許會北上到桃園去工作。這種工作環境的變動，勢必由於工作關係、客戶的變化，而引起人際關係網的改變。

3. 某些人際關係的斷裂

天有不測風雲、人有旦夕禍福，朝夕相處的親人或肝膽相照的朋友去世了，在悲哀的同時，不能不看到人際關係網的變化。

可見，調整人際關係網有被動調整和主動調整兩種，不管是哪種，都要求我們能迅速適應新的人際關係。

為此，我們應當努力為自己建造一種善於進行新陳代謝的開放式人際關係網。這樣做也許有點瑣碎，但其回報是你將會擁有一個充滿活力的人際關係。

做大局勢後要注意些什麼

人人都希望自己能把事業做大，畢竟人之所以苦心謀勢，少不了或多或少的功利之心。你有功利之心，別人也有。你的事業之所以能輝煌，少不了其他人的鼎力相助。因此，在你功成名就之時，絕不可怠慢了幫助過或正在幫助你的人。有力大家出，有利你獨享，結果過不了多久你肯定就會步入眾叛親離的境地，最後獨吞苦果。

曾國藩是近代史上一位著名的強者，他的權謀功夫可謂一流，麾下人才濟濟，托起他這隻大船。曾國藩利用幕府訓練培養出大批人才，並委以重任，保舉高官，以至「薦賢滿天下」。這樣，保舉也就成為曾國藩吸引人才、鼓舞士氣的主要方法。

曾國藩從軍之初，對這體會並不深刻，「不妄保舉，不亂用錢，是以人心不附。」如咸豐四年（1854 年），曾國藩帶兵攻下武漢，「僅保三百人」，受獎人數僅占 3%。咸豐五、六兩年保奏三案，合計僅數百人。而胡林翼攻占武漢一次即保奏「三千多人」，受獎人數竟達到 20% ～ 30%。消息傳開，出現了不少人認為謀求官職，投曾不如投胡的現象，曾國藩挽留不了的人才紛紛投奔到胡林翼門下。起初，曾國藩還以為是自己德不足以服眾，漸漸才發覺原來是保舉太少，讓人感到升遷無望所致。回顧往事，亦甚感對不起李元度、甘晉等與自己患難與共的僚屬，他們長期位居下位，實與自己保舉不力有關。對此，好友劉蓉多次向曾國藩進言，並舉楚漢之爭為例，曾國藩對此有所觸動。後來，趙烈文又上書懇切進言，曾國藩隨即改弦更張。

趙烈文說：「閣下愛賢好士，天下所共知。遠者可無論，僅左右人士屈指可數者，是士負閣下邪？還是閣下以為無益而棄之也？我以為知之不難，而忘之實難。泰山之高以其不棄糞壤，滄海之大以其不拒濁流。天下分崩，人志日囂，凡其器能略過儕輩，成思奮自樹立，四顧以求因依，真偽雖不一端，未嘗無也。苟非賢傑以天下為己任，流俗之情大抵求利耳。使誠無求，將銷聲匿跡於南山之南，北山之北，又肯來為吾用邪！是以明君給人之欲，不失其意；責人之力，不求其情，故人人自以為得君，頂踵思效，合眾人之私以成一人之公，所以能收效也。」

趙烈文的話講得入情入理，尤其是「合眾人之私以成一人之公」，令曾國藩為之動容，於是，「揣摩風會，一變前志」，從咸豐十一年（1861 年）起開始效法胡林翼，大保幕僚，不再拘於舊例。

幕僚追隨幕主，出謀劃策，出生入死，曾國藩當然酬以實惠，這也是趙烈文所說的「合眾人之私以成一人之公」的意思。但曾國藩奏保幕僚是有條件的，那就是要確實為他做事，不怕艱難，不講條件，否則，他是不肯保舉的。

曾國藩一生薦舉人才甚多，其中很大部分屬於他的幕僚。現已查明的曾國藩幕僚 400 餘人，其中絕大多數人受過他的保舉。可以說，凡為其幕僚者幾乎人人都有頂戴，即使不是待補的實缺，也有候補、候選、記名之類的名堂，無此資格者反倒為數極少，成為鳳毛麟角。而獲得實任者，更是直接、間接地借助於曾國藩的薦舉之力，幕僚中 26 名督撫、堂官，50 名三品

以上大員，以及難以計數的道、府、州、縣官員，多受過曾國藩的保舉，有的甚至一保再保，不只一次。

自己獲利，也要讓別人得益 —— 這是謀勢高手必須遵守的鐵則。否則，就只能成就一時，不能成就一世。

如果多看幾本歷史書，便能知道美國南北戰爭中的名將李將軍（Robert Edward Lee），是一位極具影響力的領袖人物。因為有他，美國南方聯邦才能在資源、人力、軍隊裝備都不如北方的情況下，苦撐了四年，為南方聯邦贏得周旋、壯大的時間與空間。李將軍的影響力，除了以軍事上的專業及策略上的天才，贏得部屬的信賴與折服外，深具獨特的個人魅力，更是讓部屬願意在疆場上拋頭顱、灑熱血的重要原因。

在南北戰爭中最慘烈的一場荒原戰役開始前，李將軍依照慣例檢閱部隊。這次他沒有照往常般作鼓舞士氣的戰前演說，而是反常地一言不發。他把軍帽脫下，默默地走過部隊方陣中每一個士兵的身邊，眼裡飽含淚水。因為他知道經過這次戰役，他將失去許多弟兄，而就在他轉身靜靜走開的剎那，全體士兵突然發出地動山搖的吶喊聲，大家都立誓拚死作戰，血灑沙場。

遙想兩百多年前，李將軍在血戰將臨的那幕悲烈壯闊而又淒涼哀婉的場景，宛如慈母憐子，又似壯士斷腕，誰能不為之動容而熱血沸騰？再將目光往前推兩千多年，來到春秋戰國時代的魯國，一個名叫吳起的將軍，「臥不設席，行不騎乘，親裹贏糧，與士卒分勞苦。」士兵中有人長了毒瘡，吳起用嘴幫其吸吮膿液。這個士兵的母親聽到這個消息後慟哭不已，說：「吳

將軍曾為孩子的父親吸吮毒瘡，孩子的父親上了戰場後奮勇殺敵，不幸戰死；今天，吳將軍又為我的兒子吮瘡，我就知道兒子死期不遠了，因此痛苦。」

李將軍或許是真性情的表露，也或許吳起是在「演戲」。但不管真也好、假也罷，身居高位者不能不掌握些收服人心的方法。收服了人心，用你的影響力鼓舞部下衝鋒陷陣，其效果要比用制度、用利益強迫或誘惑部下好百倍。

把局勢做大、身居高位的人，不僅要在局勢中布下進取與維持之子，還應該未雨綢繆，為自己巧設退守之子。古時，有一人叫孟嘗君，手下有三千食客，相當多的賢人。其中有一位叫馮諼，看不出有什麼特殊才能，外表又讓人不敢恭維。僕人告訴孟嘗君不應該養他，但是孟嘗君並沒有對他不敬。

馮諼本事不怎麼樣，要求卻很多。他嫌伙食不好，經常抱怨：「我沒有魚肉吃呀。」這話傳到孟嘗君耳裡，立即下令給他魚肉吃。後來馮諼又抱怨：「我沒有車馬乘呀。」傳到孟嘗君耳朵裡，又下令給他車馬。後來馮諼又抱怨說他家鄉的老母親沒有車馬，孟嘗君也毫不遲疑地下令給他家鄉老母親車馬。

孟嘗君在薛地的地租一直很難收取，孟嘗君問他的三千食客中有誰願意去收？這時沒人勇於應答，只有馮諼自告奮勇對孟嘗君說：「我可以幫你去。」

出發前馮諼問孟嘗君：「這次去需要帶什麼東西回來嗎？」

孟嘗君說：「你看我缺少什麼，就幫我帶什麼吧！」

馮諼到了薛地，發現薛地的老百姓非常貧窮，久旱成災，收成很不好，繳不起地租。他決定不收這些地租，同時還燒掉

了借據。這時,薛地的老百姓都非常高興,熱烈地歡呼。

等馮諼回來後,孟嘗君問他:「你幫我買了什麼回來?」馮諼說:「我替你買了『義』!」孟嘗君又問他:「那你地租收回來了嗎?」馮諼說:「沒收回來。」孟嘗君很生氣:「你不但沒有收地租回來,還說替我買了什麼『義』,我非常不理解!」

孟嘗君後來被小人陷害,無法繼續待在君主身邊。當他告老還鄉回到薛地時,看到薛地的老百姓在城門前夾道歡迎他,對他非常尊敬。他晚年過著非常舒適的生活,成為家鄉眾人的領袖。這時孟嘗君才知道,當初馮諼幫他買的「義」有何作用。

人在得勢時,或許只需付出九牛一毛之心力與財力,即可為自己謀一條退路。這條退路,在你失勢時,大能救你身家性命,小能保你衣食無憂。何樂而不為呢?畢竟,花無百日紅,上山的人終究有下山的那天。

有礙人勢健康發展的心理

人生很多成功的獲取都來自於強大的人勢,而強大的人勢又來自於良好的交往。但因世人存在許多冷漠與虛偽,讓一些人在交往中不斷受到挫折,承受了不少壓力,最後失去興趣心灰意冷,產生懶得交往的消極心理,正是這些消極心理使一些人失去了走向成功的機會。

在社會上碰壁是很尋常的事。因為社會上的一切並不是專為你而安排的,不可能完全按照你的意願運行,但很多人碰壁

後，卻疑神疑鬼，投鼠忌器，猶豫不前，這樣的人是不可能獲取成功的。現在，你不妨坐下來，替你的人勢把把脈，看看自己是否存在以下這些負面的、有礙人勢健康發展的心理。若有的話，實在應該徹底治療。

1. 等級心理

　　無形存在於某些人意識中的等級制度，因自身的社會地位、文化教養、出身背景的不同，決定了人們必然處於社會系統的種種不同等級中，因此交往就必然帶有一種比較濃厚的等級心理傾向，交往圈也就容易限制在特定的等級範圍裡。知識分子有知識分子的圈子，當權者有當權者的圈子，老百姓有老百姓的圈子。表現在學者方面是「談笑皆鴻儒，往來無白丁」；表現在高層官員方面則是很難交到平民朋友或根本沒有機會、無暇交往。一種自以為德高的潛意識主宰了他們的言行；而表現在平民這方面，也會是一種畏上的自卑等級心理，認為自己不過是一個普通人或一介布衣百姓，不能與高層次、高級別的人交往，一旦與不同圈子的人相遇時，便不免自慚形穢，渾身上下不自在。

2. 實惠心理

　　這是一種比較典型的功利性的心理。帶有這種心理傾向的人，在人際交往中往往以眼前的名利為目的，以能否從他人那裡得到實惠（名利）為選擇交際對象的標準，其交際活動帶有

明顯強烈的市儈氣息。所謂「窮居鬧市無人問，富在深山有遠親」，正是這種人交際狀態的真實寫照。在這些人身上，功利二字常會激發他們攀附權貴、往上層交際的熱情，但同時也會不自覺地促使他們遠離一些真正值得交往的人。這些人也許暫時，甚至是永遠不能幫他們帶來實惠，在實惠與情義面前，他們選擇了實惠，在物質與精神面前，他們摒棄了精神。因此，嚴格來說，認為這些人「懶得交往」是不夠全面的，可以說他們交往的心理傾向是很強的。

3. 戀舊心理

隨著現代社會經濟體制的改革與變化，人際交往的對象也隨之發生了變化，使得一些原來在穩定的環境中生活的人們，出現了某種不平衡的心理狀態。他們往往以舊的熟悉的人或事，與新環境中的人或事比較，十分留戀過去的舊環境，沉湎在以往人際關係的脈脈溫情中。面對初來乍到的新環境，對初次相識相處的交際對象不甚了解，因而不願主動交往，甚至拒絕交際，從而在交際過程中始終處於被動地位。另一方面是時代的變化，人的價值觀念的改變，金錢利益的影響對人的思想加劇，致使新時代人際關係變得冷漠虛情，讓人特別留戀 1950 年代那種平等互敬、和諧單純的人際關係。由此，人們在對比中或許更容易排斥或拒絕那種實惠、勢利、虛情、市儈味十足的現代風氣。於是，他們當然也就從心理上懶得與人交往了。

4. 居中心理

　　這是一種能而不為，處事小心謹慎的心理傾向。帶有這種心理傾向的人，一方面對社會、人生、對他人認知中的陰暗面有種恐懼心理，因此對人缺乏信任感，只能小心翼翼的與人交往周旋，盡量拉開心理上的距離，正所謂一定距離才會讓他們更有安全感；但另一方面，為了避免孤獨、消除寂寞，他們也渴望感情，企盼溫暖友愛。所以，人際交往中持有這種居中心理的人占有很大的百分比 —— 對人不冷不熱，處事不溫不火，心理距離不遠也不近，不輕易得罪他人，也不企求有個知己，一副順其自然的狀態。套用一位名人的話，他們「沒有永恆的朋友，也沒有永恆的敵人」。

5. 防禦心理

　　現代人習慣以一種脆弱的心理去窺視外面的精彩世界。在這世界「精彩」到難以承受時，他們的心理便產生了一種防禦與戒備。在他們心中，世態炎涼、人情冷暖、鉤心鬥角、人心叵測，總令人防不勝防，於是他們信奉「畫虎畫皮難畫骨，知人知面不知心」的人生信條，相信「逢人且說三分話，莫論他人是與非」的至理名言，他們進入交際場合，自然會對他人缺少一種誠懇、真摯的信任感、坦率感。尤其是曾受過他人傷害，甚至是朋友傷害的人，「一朝被蛇咬，十年怕草繩」，或者是「別人被蛇咬，我也怕草繩」，這種防禦心理就顯得特別強烈。因此這些人的交際熱情必然受到一定影響。有時甚至覺得不如「躲進小樓成

一統，管他春夏與秋冬」，把自己與世隔絕、逍遙自得、悠閒寧靜地生活更好。他們從喧囂的世界中退了出去，以為這樣便可以省去很多的爭鬥、爾虞我詐，及由此帶來的煩惱與苦痛。

　　只要我們生活在這個社會上，就得照新的道德標準和人際交往原則做人，做一個有情有味的人，做一個有禮有義的人。因此，我們還要從以上分析的各種心理盲點中走出來，在新的時代、新的形勢前，勇於面對現實，面對物質金錢利益誘惑下人生的種種冷漠與嚴酷，不斷增強自己生活的勇氣和信心。要正確地看待我們生活中的苦與樂、真與假，也要正確地看待與我們朝夕相處的某個人或某群體。

　　人間自有真情在，只要我們用真心去換得真心，以真情去贏得真情，我們的生活就必將能溫暖如春、充滿燦爛的陽光。

第六章

無「勢」生非——
如何造勢布局

《孫子兵法》中指出：「計利以聽，乃為之勢，以佐其外。」意思是說：唯有造成有利於自己的態勢，作為外部的輔助力量，才能有利於贏得戰爭的勝利。因此，我們不僅要善於辨勢、預勢與乘勢，還要學會如何在風平浪靜或形勢不利之時替自己造勢，讓自己盡量處於有利的態勢中。

　　值得注意的是：造勢只能改變一下小環境。從這一點上來說，造勢實際上也就是人們常說的布局。大勢不可造，更不可違。有逆大勢的造勢，如何用心良苦也收不到預期的效果。

見勢不尊

　　古人云：「無勢不尊，無智非達。」意為沒有聲勢就談不上尊貴，沒有智慧就談不上通達事理。

　　造勢是由平凡走向成功的一條捷徑。無勢之人一般都是落魄之輩，無人追隨和扶持，連生存都是艱難的，尊貴更是遙遠。造勢要借助智慧，通達事理方能獲取人心，增強人望。事實上，人雖然都是有弱點的，但也是有所追求的，只要在這方面多動些腦筋，善加運用，就不愁無人。一旦聲勢漸起，事業便可期待了。

　　戰國時期，齊國的田文繼承其父田嬰的爵祿，家財萬貫。

　　但田文並不滿足於當一個衣食無憂的大財主，他希望能像父親一樣，在仕途上有一番成就。他廣招門客，來者不拒，達到三千之眾。一次田文的親人對田文的這種做法表示異議：「何必破費家財養一些閒人呢？何況他們並不都是有識有能之輩，

這就更不值得了！」

田文告之：「你的目光太短淺了，你哪裡知道我的苦處呢？沒錯，我衣食無憂，家財萬貫，可這一切都是靠不住的，如果沒有勢，沒有人們輔助，那麼我擔心會地位不保，更不能真正尊貴起來。我費些錢財而贏得了聲勢，這是於己於人都有利的事，為什麼不做呢？」

不久，田文的聲名遠播各國諸侯，連齊王都對他刮目相看。這時，有人建議齊王給田文以重任，他說：「田文門客眾多，諸侯都稱頌他，這是齊國難得的人才，大王如果不重用他，必會招來人怨，令諸侯輕視。何況大王為振興齊國，需要賢人輔佐，田文正是這樣的賢人啊！」

齊王起初不肯答應，他疑慮道：「田文如此受人愛戴，如果自驕自傲，那麼便難以馴服了，倘若如此，豈不是朝廷之患？」

隨後，又有多人勸諫齊王重用田文，他們進言說：「國有賢人而不用，受害的是國家，如今天下紛爭，大王如果不能任賢用能，那麼齊國危矣！」

反覆諫諍之下，齊王只好重用田文為相，使其躍居眾臣之上，大權獨攬。

田文心願得償，十分興奮，他對心腹手下說：「我苦心經營，今日終得回報，可見我當時決斷無誤啊！我一個人的力量畢竟有限，你們還要盡心幫我。」

後來，齊王聽從了秦國和楚國的挑撥，對田文猜疑不斷，他憂心忡忡地對心腹大臣說：「一個臣子聲勢過於強大，是不

是一件好事呢？當初我只慮其一，未慮其二，時下我要反省了！」

心腹大臣趁勢進讒說：「聽說百姓只知田文，不知有大王，這肯定不是吉兆。大王當先發制人，不容這種情況再繼續惡化下去。」

於是，齊王罷了田文的官職，收回了他的封地。

田文猝不及防，一時無可奈何，徬徨無計。他的門客馮諼見田文心灰意冷，勸他振作起來，他鼓勵說：「一時受挫，並不能代表失去希望，大人當思計謀，改變現狀。」

田文愁苦道：「先生有何高見，盡可教我了！」

馮諼思量多時，然後道：「大人遭此磨難，不是大人的過錯，而是大人的聲勢還不夠強大啊！否則，齊王也不敢對大人下手。依我之見，大人當大造聲勢，迫使齊王收回成命。」

馮諼接著前去秦國，他對秦王說：「齊國能讓諸侯尊重，關鍵是田文。齊王聽信讒言，田文一定會心有不滿。此時，如果大王請田文相秦，那麼田文必肯前來，秦國也得一強助。」秦王於是派人攜重金去請田文。馮諼趕回齊國，他馬上對齊王說：「秦王知道田文的才能，聽說已派人派車攜重金迎他去秦。如果田文前去，秦國一定會用他為相，這樣諸侯國就會歸附秦國，對齊國十分不利。大王若不想有這樣的事發生，應馬上恢復田文官職，多封田文封地。」齊王惶恐之下，立即採納馮諼意見。田文官復原職，並在舊有封地外又多增加了一千戶的俸祿。

古往今來，一切成大事者，莫不注重為自己造聲勢，讓聲勢的浪潮將自己推上事業巔峰。只是，水能載舟，亦能覆舟。

聲勢能成就一個人，也能毀滅一個人。倘若一個人盛名之下，其實難副；或其聲勢對能決定生死者產生了威脅，則有「覆舟」之虞。這兩點，造勢者不可不察。

布局要平

春秋時期，齊國有田開疆、古冶子、公孫捷三勇士，很得齊景公寵愛。三人義結為兄弟，自詡「齊國三傑」。他們挾功恃寵，橫行霸道，目中無人，甚至在齊王面前也「你我」相稱。亂臣陳無宇、梁邱據等乘機收買他們，陰謀奪取政權。

相國晏嬰眼見這種惡勢力逐漸擴大，危害國政，暗自擔憂。他知道奸黨的主力在於武力，三勇士就是王牌，因此屢次想把三人除掉，但他們正得勢，如果直接行動齊王肯定不依從，反而弄巧成拙。

有一天，鄰國的魯昭公帶了司禮的臣子叔孫來訪，謁見齊景公。景公立即設宴款待，也叫相國晏嬰司禮；文武官員全體列席，以壯威儀；三勇士也奉陪左右，威武十足，擺出不可一世的驕態。

酒過三巡，晏嬰上前奏請，說：「眼下御園裡的金桃熟了，難得有此盛會，可否摘來宴客？」

景公即派掌園官去摘取，晏嬰卻說：「金桃是難得的仙果，必須我親自去摘，這才顯得莊重。」

金桃摘回，裝在盤子裡，每個有碗口般大，香濃紅豔，清

香可人。景公問：「只有這幾個嗎？」

晏嬰答：「樹上還有三四個未成熟，只可摘六個！」

兩位大王各拿一個吃，佳美可口，互相讚賞。景公乘興對叔孫說：「這仙桃是難得之物，叔孫大夫賢名遠播，有功於邦交，賞你一個吧！」

叔孫跪下答：「我哪裡及得上貴國晏相國呢，仙桃應該賜給他才對！」景公便說：「既然你們相讓，就各賞一個！」

盤裡只剩下兩個金桃，晏嬰請示景公，傳諭兩旁文武官員，讓各人自報功績，功高者得食此桃。

勇士公孫捷挺身而出，說：「以前我跟主公在桐山打獵，親手打死一隻吊睛白額虎，解了主公的圍，這功勞大不大呢？」

晏嬰說：「擎天保駕之功，應該受賜！」

公孫捷很快把金桃嚥下肚裡去，傲眼左右橫掃。古冶子不服，站起來說：「打虎有什麼了不起，我在黃河的驚濤駭浪中，浮沉九里，怒斬驕龜之頭，救了主上性命，你看這功勞怎樣？」

景公說：「真是難能，若非將軍，一船人都要溺死！」說著便把金桃和酒賜給他。可是，另一位勇士田開疆卻說：「本人曾奉命去攻打徐國，俘虜五百多人，逼徐國納款投降，威震鄰邦，讓他們上表朝貢，為國家奠定盟主地位。這算不算功勞？該不該受賜？」

晏嬰立刻回奏景公說：「田將軍的功勞，確比公孫捷和古冶子兩位將軍大十倍，但可惜金桃已賜完了，可否先賜一杯酒，

待金桃熟時再補？」

景公安慰田開疆說：「田將軍！你的功勞最大，可惜你說得太遲。」

田開疆再也聽不下去，按劍大嚷：「斬龜打虎，有什麼了不起？我為國家跋涉千里，血戰功成，反受冷落，在兩國君臣前受辱，為人恥笑，還有什麼顏面立於朝廷之上？」說完便拔劍自刎而死。

公孫捷大吃一驚，亦拔劍而出，說：「我們功小而得到賞賜，田將軍功大反而吃不到金桃，於情於理絕對說不過去！」手起劍落，也自刎了。古冶子跳出來，激動得幾乎發狂地說：「我們三人是結拜兄弟，誓同生死，今兩人已亡，我又豈可獨生？」

話剛說完，人頭已經落地，景公想制止也來不及了。齊國三位武夫，無論打虎斬龜，還是攻城略地，的確稱得上勇敢，但只有匹夫之勇。兩個桃子便殺了三個武士。因為他們不能忍耐自己的驕悍之勇，才會被晏嬰利用。

這就是歷史上有名的「二桃殺三士」的故事。

晏嬰可謂是一個造勢布局的高手。他的高明在於利用兩個桃子三人無法分的客觀事實，不外顯、不表露地將三個武士巧妙地置於互相競爭的局勢中，無論這三武士如何解決這起「金桃事件」，晏嬰始終都處於很安全、很隱蔽的位置。晏嬰僅僅布了這個局，就可以作壁上觀了。這個局對於晏嬰來說，最壞的結果無非是三個武士中有一人甘願放棄而換來三人的和平，可以接受的結果是三個武士因分桃而彼此怨恨、心生芥蒂。而「二桃

殺三士」的結果，對於晏嬰來說肯定是最佳結果了。

從這個人盡皆知的歷史故事中，我們可以看出「勢」的強大力量。本來是義結金蘭的兄弟，只是因為處於特殊的局勢下，居然就會做出如此匪夷所思的事情來。所以，在非常之時，做巧妙之布局，也不失為一種克敵制勝的高招。

但對於布局，最忌諱的就是把局做得生硬、突兀。因為人人皆有防備之心，一旦感覺出異常就會三思。這好比獵人挖了陷阱，要從表面上看不出絲毫破綻，稀鬆平常卻暗藏殺機。

韜光養晦

李牧是春秋戰國時期趙國北部邊境的大將，他曾在雁門關任太守，防範匈奴。他因地制宜地設置官吏，從集市上收得的稅收都交給將軍府署，作為部隊的經費。每天殺牛來犒勞士兵，讓部隊練習騎馬射箭，對報警的烽火臺也管理得十分用心，還派了許多密探去探聽匈奴的情況，對待士兵很豐厚。但李牧對匈奴的作戰方針卻是只守不攻，他傳令部下：「匈奴要是進犯，我們馬上收兵進入城堡，有誰敢不聽軍令出戰迎敵的，就地處斬。」

就這樣過了幾年，匈奴認為李牧膽小怯懦，連趙國戍邊的部隊也認為自己的將軍膽小怯懦。趙王責備李牧，李牧依然如故，趙王生氣了，把李牧召回，派別人來代替他帶兵。一年多後，匈奴兩次侵犯邊境，新來的將領次次領兵出戰，但屢次失

利，損失了很多士兵、百姓和牛羊，還讓邊境上的百姓不能正常種田和放牧。

趙王又請李牧出來守邊。李牧在家關起門來不外出，堅決推辭說自己有病，不能擔任這一職務。趙王強迫他出來帶兵。李牧說：「您要是一定要用我的話，我得採取與先前一樣的作法，這樣我才敢奉命。」趙王答應了他的要求。

李牧又按照過去的規定辦事，整整一年匈奴一無所獲，然而大家還是認為李牧膽子小。邊境上的將士由於每天得到李牧的賞賜，卻一直沒有機會為他出力，心裡感到著急，都願意與匈奴決一死戰。於是李牧就選出了戰車 1,300 輛，戰馬 13,000 匹，能破敵擒將的戰士 5 萬人，善射箭的士兵 10 萬人，指揮他們全部投入作戰演習。李牧讓百姓把牲口都放到城堡之外去放牧，滿山遍野都是百姓和牛羊。匈奴有小股敵人入侵，李牧的軍隊假裝被打敗，讓匈奴士兵搶掠了不少百姓和牛羊。匈奴單于聽說此消息，便帶領大隊人馬來侵犯邊境。李牧多次布下了奇特的戰陣，張開左右兩翼的軍隊來攻打敵人，大敗匈奴人，殺死殺傷了十幾萬匈奴騎兵，單于逃跑了。在這以後，有十幾年光景，匈奴不敢靠近趙國的邊境。

李牧這個計謀，一方面麻痺敵人引其上當；另一方面，他壓制部下出戰使其鬥志厚積薄發。敵人放鬆警惕、毫無防備，己方壓抑很久的怒氣正要找宣洩的管道。在這種局勢之下，李牧不想大勝都難。

《孫子兵法》云：「兵者，詭道也。故能而示之不能，用而示之不用，近而示之遠，遠而示之近。」

兩軍對壘，聰明的將領常以假象造成對方的錯覺，自己本來能而示敵以不能，使敵人鬆懈戒心，而自身卻在積極準備，伺機制敵。本來能攻則守，有戰鬥力卻故意佯裝不能攻、不能守、沒有戰鬥力的樣子，只是為了最後一舉成功。

三國時的張飛是以嗜酒成癖而著稱的，這也是他的一大弱點。他經常因此誤事，但這弱點也幫了他大忙。在兩軍陣前，張飛經常利用自己逢酒必喝，喝酒必醉，醉必打人的形象，麻痺敵人的警惕性，誘使其上當受騙。一次，張飛在蜀國巴西一帶戰敗張郃之後，乘勝追擊，一直趕到宕渠山下。張郃利用有利的地勢據守山寨，堅持不出，五十多天，相持不下。張飛見狀，就在山前安營紮寨，每日飲酒，飲至大醉，又坐在山前辱罵。劉備得知後，大驚失色，急忙找諸葛亮商議。諸葛亮不但不驚慌，反而立即派人送去三車好酒，還在車上插著「軍前公用美酒」的大旗。張飛得到美酒後，不但自己喝，還把美酒擺在帳前，讓軍士開懷大飲。

那張郃在山上見此情景，以為張飛大寨全變成醉鬼的天下，再也按捺不住殺敵的心情，便乘夜帶兵下山，直襲蜀營。當他殺到張飛的大寨時，只見帳中端坐一位大漢，舉槍就刺，誰知竟是一個草人！等他知道中了張飛的埋伏時，已經晚了，結果被打得落花流水。

李牧施計用了幾年的時間，張飛的施計不僅延續了他嗜酒的本性，更在迷惑對手上下足了工夫。這樣才能在敵方麻痺時伺機攻擊、戰而勝之。運用這一計謀，是建立在對戰爭全局的全面掌握基礎之上，不是消極的，而是積極主動的。

由此可見，人生中無論遇到何種挑戰，其破解的道理是一樣的。縱使自己具備了十分有利的條件，也萬不可輕易地將它顯示出來。這樣，才能一舉將對方擊潰。當然，這種「陰謀」只能用在對付那些奸佞小人身上。

虛張聲勢

浪蕩公子保羅·蓋提（Paul Getty）是聲名顯赫的喬治·蓋提（George Getty）家族唯一的繼承人，但由於他一貫游手好閒，肆意揮霍又學業無成，因此受到父親的嚴厲制裁，再也無法從父親那裡得到一分錢。因此他下定決心，做出一番事業給父親看看，以徹底改變自己在父親心目中的形象。

當從俄克拉荷馬州傳出泰勒農場蘊藏著極其豐富的石油消息後，他立刻驅車前往，決心把泰勒的農場買到手。

一到泰勒農場，他就大吃一驚。實力雄厚的殼牌石油公司和史格達家族早已對泰勒農場虎視眈眈，而自己的蓋提家族實力最弱，希望也最渺茫。

只有泰勒農場的主人泰勒這時最高興，三家石油商你爭我鬥，他這 600 英畝（約 2.43 平方公里）的土地肯定能賣個好價錢。

保羅·蓋提靈機一動，想出了個「打草驚蛇」之計，他要製造一種極其顯赫的聲勢，把那兩個強大的對手一一嚇退。

於是，他喬裝打扮，聲稱自己是舉世聞名的大銀行家克里

特的代理人吉爾曼。他又特地從遠處的鄉村僱了一個農夫，裝成從北方來的大富翁巴布。

　　大富翁巴布首先登臺亮相，出現在泰勒農場。為表演自己的闊綽，他將大把大把的硬幣拋給沿路的孩子，他專程去找泰勒，提出用 2 萬美元買下農場，泰勒拒絕了。

　　幾天後，吉爾曼以更闊綽的姿態出現，引起當地《土爾沙世界報》連日追蹤採訪，大造聲勢。他向泰勒請求用兩萬五千美元的巨資買下農場，泰勒仍沒有答應。

　　扮作吉爾曼的保羅‧蓋提心裡非常清楚，他已私下請當地著名的地質學家對泰勒農場的石油蘊藏量進行評估，知道它至少值 4 萬美元。如今他開出 2 萬 5 千美元的價格，已經是相當高了。

　　然而泰勒仍不滿足，他已被這天大的喜悅沖昏了頭，不懂見好就收。他將農場的土地交給了拍賣行，只盼這些大公司角逐的結果能使自己賣出一個更高的價錢。

　　大富翁巴布和銀行家克里特的新聞被當地的報紙、雜誌炒得沸沸揚揚，成了輿論關注的焦點。至於史格達家族、殼牌石油公司、蓋提家族，則在這兩人的顯赫聲勢下顯得渺小無比，看來這三家公司都沒有獲勝的希望，只有退出競爭才是最明智的選擇。

　　拍賣會如期召開了，那三家石油商果然不見蹤影，只有巴布和吉爾曼得意地坐在會場上。競拍由五百美元起價，當吉爾曼喊出「1,100 美元」時，巴布就不再喊價了。

　　泰勒農場以 1,100 美元的低價拍賣成功！這情景令在場所有

人都目瞪口呆，農場的主人泰勒更是心如刀割，放聲痛哭。

一切已成定局。吉爾曼為銀行家克里特奪得了農場後，又轉手交給了蓋提家族。蓋提家族在這片土地上獲得了巨額的財富，開採的石油價值超過了 10 萬美元。

多年以後，人們才了解到事情的真相，這才明白原來是保羅‧蓋提預先製造出驚人的聲勢，嚇退了其他強大的競爭對手，從而以極低的價格奪得了這塊寶地。

這次的成功，不僅使蓋提家族輕而易舉地賺了大錢，而且也使父親改變了對保羅‧蓋提的看法。保羅‧蓋提隨後接替了父親執掌的公司大權，更是連創輝煌，最終使自己的財產達到了 60 多億美元，成為當時極其顯赫的巨富。

保羅虛張聲勢的行為，只是在爾虞我詐的特定時代使出的一計陰招，畢竟被正人君子所不齒。特別是在講究公平公正、誠實守信的今天，我們切不可學他的行徑。只是大千世界，正人君子有之，奸佞小人也有之，我們行走於社會，害人之心不可有，防人之心更不可無。別人虛張聲勢，我們得明察秋毫，方不至於落入他人布下的陷阱。

但也並非所有的虛張聲勢都是卑劣的行徑。以下我們來看一則小故事。

臺灣三陽工業公司研製成功了新型的「野狼」摩托車，在「野狼」摩托車即將進入市場之際，該公司在臺灣兩家最大的報紙上，連續登出廣告，以巨幅大字的形式吸引消費者。

第一天的廣告詞是這樣的：「今天不要買摩托車，請您稍候六天。買摩托車您必須慎重地考慮。有一部意想不到的好車，

就要來了。」

第二天照舊刊出，只把「稍候六天」改為「稍候五天」。第三天仍然照舊，只是變成了「稍候四天」。這時，生產摩托車的同業有了怨言，因為銷量減少了，而同公司的銷售人員也出現了這樣的抱怨，於是第四天的廣告刪除了「今天不要買摩托車」一句。

到了第六天，廣告內容有了全新的改變：「對不起，讓您久候的三陽野狼一二五摩托車，明天就要來了。」第七天，則採用全頁廣告，對「野狼」摩托車進行大張旗鼓的宣傳，與此同時，「野狼」摩托車走進市場，第一批貨被搶購一空。

這則廣告以設置懸念的方式，步步推進，層層造勢，把人們的胃口愈吊愈高，直到最後一天才給出答案，因此吸引了所有人的注意，獲得了極大的成功。

像三陽工業公司的此類虛張聲勢的造勢法，並沒有悖於現代社會的各項準則。虛張在外，實力在內，利人利己，走的完全是正道。

無中生有

美國加州蘭麗公司的蘭麗綿羊油在進入臺灣市場時，遭遇了前所未有的困難。為了扭轉局勢，蘭麗公司的臺灣代理商在報紙上刊登了一則廣告，畫面是用細線條畫成的一隻手和幾隻羊。標題是：「很久以前，一雙手展開了一個美麗的傳奇故事！」

並註明故事的內容已被編成一本彩色的英語畫冊，另附一本中文說明，等待消費者去函索閱。

消費者收到畫冊，會看到一個很有趣的故事。故事內容是：「很久很久以前，在一個很遙遠的地方，有一位很講究美食的國王。在皇家的御廚中，有一位烹飪技藝高超的廚師，他所做的大餐小點都極受國王的喜愛。

有一天國王忽然發現餐點味道變差了，把廚師叫來一問，才知道原來是廚師那雙巧手不知為什麼突然變得又紅又腫，當然就做不出好的餐點了。國王立即命御醫幫廚師醫治，可惜沒有效果，逼得廚師不得不離去。

廚師流浪到森林中的一個小村落，幫助一位老人牧羊。他常常用手去撫摸羊身上的毛，漸漸地發覺手不痛了。後來他又幫老人剪羊毛，手上的紅腫漸漸消失了，他很欣喜自己的手痊癒了。他離開了牧羊老人返回京城，正遇上皇家貼出告示徵召廚師。

於是，他蓄鬚改妝前去應徵。他所做的大餐小點，極受國王的欣賞，他知道自己的手已恢復了過去的靈巧，他被錄取了。當他剃去鬍鬚，大家才知道他就是過去的那個大廚師。

國王召見了他，問他的手是如何治好的。他想了想說，大概是用手不斷整理羊毛，在無意中獲得治療。

根據這一線索，國王讓科學家們仔細研究，結果發現，羊毛中含有一種自然的油脂，提煉出來有治療皮膚病的功能，並由國王發明為蘭麗。」

這個故事，是由美國加州的蘭麗公司杜撰的，臺灣的代理

商用它來告訴消費者，綿羊油有治療皮膚病的功能。這個無中生有的故事，美化與宣傳了這種產品。

蘭麗綿羊油只是蘭麗系列產品中的一種。一般來說，凡是有系列產品的廠商，都是在其中找出有獨到特色的品種，將其塑造成這一系列產品中的旗艦商品。消費者如果對這種商品有了好感，便會隨之對同系列其他各種產品產生好感。

顯然，蘭麗綿羊油的銷路異軍突起，成為蘭麗系列產品中帶動銷售的領頭羊。而這隻領頭羊的暢銷，又反過來拉動了整個蘭麗系列產品銷量的大幅上升。

人人都希望形勢極佳，自己好乘勢而行，一帆風順。但市場也好、人生也罷，總會有風平浪靜的時候。如果你甘於平靜與寂寞倒也沒什麼，如果你不甘心，那麼不妨想點辦法，為自己造點勢。

曾經有一位頗具實力的外國油畫家，因為名氣不夠響亮，新出茅廬的他根本就找不到願意寄售他作品的畫廊。這個畫家在跑了幾趟後，決定另闢蹊徑。他僱了幾個人，把他們喬裝成紳士的樣子，輪流去各個畫廊詢問是否有「× 先生」的畫作出售。答案當然是否定的，因為「× 先生」就是這個名不見經傳的畫家本人。幾個月後，這位年輕的畫家再次拜訪各個畫廊，結果有不少畫廊都答應寄售他的作品。因為他的油畫水準、技藝高超，因此進入畫廊後，市場反響很不錯。這位年輕的畫家，終於逐漸地打出自己的名氣。

由虛而實，由假而真。「無中生有」的造勢法，使用不慎極易掉入道德敗壞、作奸犯科的泥潭。如何達到無中生有的有利

局勢，又不至於掉入泥潭？這中間的分寸極難拿捏。在此，編者提出了個人的評判標準：「無中生有」應是一幕事後可以公開的輕喜劇，而不是一個見不得天的大陰謀。就像我們上述案例中虛構的蘭麗綿羊油傳奇故事和年輕畫家的作品進入畫廊的捷徑，都是無中生有但無傷大雅，即使大白於天下，也不會遭受多少道德的指責。當然，之所以說「可以公開」並非要求你一定要公開，只是要求你在使用時想一想：如果這場號稱「有」的造勢被人窺破了「無」，會給我們帶來哪些道德與法律上的損失呢？如果回答是肯定的，那就罷手。如果回答是否定，那麼就大膽地「無中生有」吧！

第七章

四兩撥千斤 ——
如何借勢

北宋薛居正在《勢勝學》中云：「缺者，人難改也。」意思是：天生的缺陷，僅靠自身的努力難以改變。

人無完人，一個人不管有多大的本事，他也會有解決不了的問題，完全不借助他人是不可能的事。借勢能使弱者變強，強者更強，不會借勢就是不懂得成功之道。其實，成功並不是純粹個人能力的比拚，而是借勢水準高低的結果。借勢是借助他人的力量，為自己所用，補我不足，這就要求人們正視自己的不足，切莫剛愎自用、自高自大。承認自己的弱點並不可恥，否則，就會帶來無盡的羞辱。

荀子在〈勸學〉中云：「君子生非異也，善假於物也。」他說的「假」是一個通假字，和「狐假虎威」中的「假」一樣，通「借」；他所說的「物」，指的是外物。荀子認為：善於借助外界力量的人才是有智慧的人。

如何向強者借勢

向誰借勢？強者當然是一個不應放過的首選目標。與普通人相比，強者具有更加寬廣的資源可用以調動。有時普通人跑斷了腿還不得要領的事情，強者一個電話就可以幫忙搞定。這是現實，不服氣也沒有辦法。

向強者借勢，你得先想清楚一個問題：別人憑什麼要借給你。世上沒有無緣無故的愛和恨，也沒有無緣無故的借予與幫助。你要借勢，先要給借勢者找一個借出的理由，要讓對方覺得借勢給你是一件值得的事。

　　最常見的借勢是利益驅動。幫我做了某事，事成後你會得到某些好處。為了避免過於赤裸裸，也可以稱這事是別人委託你辦的，事後可以……。這樣，對方自然會很坦然地接受。但使用這種方法的前提是你不能違背法律與道德。難度在於對方可能根本就看不上你所謂的回報。

　　戰國時，蘇代（蘇秦之弟）為燕國遊說齊國，沒有見齊威王之前，他先對淳于髡說道：「有一個賣駿馬的人，接連三天早晨守候在市場裡，也無人知道他的馬是匹駿馬。賣馬人很著急，於是去見伯樂說：『我有一匹駿馬，想要賣掉牠，可是接連三天早晨，也沒有哪個人來問一下，希望先生您能繞著我的馬看一下，離開時回頭再瞅一眼，這樣我願意付給您一天的費用。』伯樂於是就照著賣馬人的話做了，結果一下子馬的身價竟然漲了十倍。現在我想把『駿馬』送給齊王看，可是沒有替我前後周旋的人，先生有意做我的伯樂嗎？請讓我送給您白璧一雙，黃金千鎰，以此作為您的辛勞費吧！」淳于髡說：「願意聽從您的吩咐。」於是，淳于髡進宮向齊王作了引薦，並趁機替蘇代美言幾句。齊王果然接見了蘇代，而且很喜歡他。在這裡，蘇代深知自己人卑言微，要想得到齊王的重視與賞識，就得先借助一個齊王信得過的人力薦。

　　但赤裸裸的利益交換受到很多制約。北宋薛居正在《勢勝學》中提出了一個較為可取的借勢法：「借於強，諛不可厭。」意思是：向強者借勢，雖奉承卻不可厭煩。

　　「奉承」二字說起來總不順耳，不如用「讚美」來代替。強者並不缺少實力，他們永不滿足的東西也許只有虛榮心了，這

是他們的弱點，在此方面多下點功夫必有所獲。收斂起強烈的自尊心是弱者的明智選擇，不以讚美強者為恥才會贏得強者的關照，為自己找到一條出路。讚美強者時，最好用一種不卑不亢的態度。人際關係專家建議：以大眾的語氣來讚美他人，最讓對方受用。

借勢的方法很多，有不少創新的手法值得我們學習。

有一則笑話。外國有一書商為了推銷自己的新書，寄了一本給該國總統。該國總統看完後說：「是一本好書。」書商便對外宣傳說：「總統說『是一本好書』。」結果該書非常暢銷。第二次，書商又故技重施，知道「上當」了的總統看完書後故意說：「是一本不好的書。」書商又對外宣傳說：「總統說：『是一本不好的書』。」結果該書又相當暢銷。第三次，總統乾脆說：「簡直讀不下去！」然而這句話還是令書商大賺一筆。第四次，聰明的總統乾脆關起嘴巴，一言不發。但更加聰明的書商這一次的廣告是：「連總統都無法作出評判。」結果不言而喻。

這當然是一則笑話，卻真實地反映了一個善於借勢的聰明人是如何巧妙地借強者手裡的資源的。

英國一家珠寶店開張營業，正當顧客姍姍而來時，突然「女王陛下」駕臨。她徑直走向珠寶首飾櫃檯，並對周圍驚喜交加地人們點頭招手，風度翩翩，微笑有度。「女王御駕」光臨的消息不脛而走，這家新店鋪的聲譽驟然倍增。前來參觀、選購的人群熙來攘往，熱鬧非凡，沒有趕上這一盛況的，也紛紛聞風而來。

後來，人們慢慢才知道 ── 更多的人也許很難知道，那天

「光臨」的並不是「女王陛下」，而是一位面貌酷似女王的女士。然而，珠寶店揚名的目的卻達到了。

當然，「女王」是珠寶店聘請來的，但因珠寶店及「女王」，自始至終都未聲稱她（我）是女王，因此，也不存在侵犯名譽這一法律問題。

間組建設公司老闆神部在與客戶打交道時深深體會到，客戶不把自己的公司看成一流的大公司，所以處處遭人冷眼，與人談生意都會矮一截，本來十拿九穩到手的生意轉眼就被別人搶走了。

神部心生一計，他向日本大報社送去可觀的廣告費，請求把自己的公司和五大建設公司同等對待，不論是進行報導還是刊登廣告，都一律並稱「六大建設公司」。「六大建設公司」的廣告刊登出來了，明白事情真相的業內人士對神部的做法明嘲暗諷，他一概置之不理。而鋪天蓋地的「六大建設公司」的宣傳，又讓更多不明真相的人們信以為真，以為間組建設公司真的是日本一流的大建設公司。

儘管神部的下屬對此都深感不安，但神部自有他的盤算：他要用這個辦法把一池清水攪渾，讓別人真的衝著他那「六大建設公司」的虛名慕名而來。

他的如意算盤果然成功了，隨著「六大建設公司」的宣傳步步加深，慕名而來的客戶也愈來愈多。當然，間組建設公司還是具有一定的規模及水準的，能夠千方百計以周到的服務讓顧客滿意而去。生產規模果然愈來愈大，公司業務不斷發展，許多原先比間組建設公司強大的公司都被一一超過。三年後，間

組建設公司終於與那五大建設公司並駕齊驅，成為日本鼎鼎有名的第六大建設公司，再也沒有人敢對神部指手畫腳、冷嘲熱諷了。

如果沒有神部借助其他五大建設公司之勢抬高自己計策的成功運用，間組建設公司恐怕至今還與二三流建設公司擠在同一戰壕裡，為一宗小生意而進行殊死搏殺。雖然神部此計有自欺欺人之嫌，而且還被一些知情人士指為「騙子」，但可以很明顯地看出，他和那些製造假象的公司還是有本質上的不同。他這樣做的目的並不是為了以假冒偽劣產品來欺矇消費者，而是憑藉公司的實力，來為自己爭取更高的聲望和更好的收益。作為一種經商手法，這畢竟展現了不可多得的智慧光芒，還是應該予以肯定的。

日本的公司借助同行佼佼者的「勢」，美國運通公司則把「勢」借到了自由女神身上。這家經營信用卡的公司當然不是幫自由女神辦信用卡，而是發起一場為修復破損了的「自由女神像」籌資的運動。該運動是一項在全國範圍內進行的帶有慈善性質的銷售活動。該公司大肆宣傳，說該公司信用卡持有者每購買一次物品，它便捐助一美分給「自由女神像」修復工程；每增加一位信用卡的新客戶，它便捐助一美分。最後，該公司為自由女神像修復工程籌集了一百七十萬美元的免稅費用，與此同時，使用和申請該公司信用卡的人數也隨之暴增。前者比以前增長28%，後者增長了45%。

由該公司委託，對持有運通信用卡的人士進行的電話調查發現，受調查者全都了解這一廣為宣傳的推銷活動，其中許多

人說，之所以接受運通公司的宣傳，是為了促進修復女神像和幫助運通公司成就這一「美好事業」。運通公司借助自由女神的名目，達到了利國利民利己──典型的「三贏」，可謂技高一籌。

從以上這些例子，我們可以舉一反三，在不違背法律與道德的基礎上，借別人的勢，行自己的事。

弱者也有勢可借

我們在說「強者」與「弱者」時，戴的是世俗的眼鏡。聰明的人都知道：尺有所短，寸有所長。「勢」絕不是只有強者才能擁有，弱者也有他的優勢，這同樣是不容忽視的，誰都不可小看。成大事者必須要有這樣的眼光，看不到這一點，就難免出現大差錯。「勢」不僅僅是權力和地位，它其實是多方面的。因此，任何有長處的地方，都是人們值得借鑑的，如此方能完善自己，使強者愈強，也使弱者變強。

向弱者借勢，《勢勝學》中告誡人們：「借於弱，予不可吝。」意思是：向弱者借勢，雖給予卻不可吝嗇。給予對弱者來說，是雪中送炭，也是他們最需要的，對此若慷慨大度，回報便愈加顯著。

北宋仁宗時，將軍狄青屢建戰功，威名遠播。

仁宗想要召見他，正趕上敵人侵犯渭州，仁宗只好取消了召見，下令狄青攻擊敵人，傳旨說：

「朕欣賞將軍，將軍盡可立功殺敵，如有捷報，朕定有賞賜。」

狄青殺退了敵人，仁宗立刻任命狄青為真定路副都總管。有的大臣輕視狄青的出身，上奏說：

「狄青出身行伍，因罪被充軍，至今臉上仍保留著充軍時所刺的字。如此卑賤之人只可利用，不可重用，否則，世人只會議論陛下用人不當了。」

仁宗氣憤地答道：

「只論出身，不論戰功，又有誰還會幫朕賣命呢？朕的國家完全靠忠臣、功臣來保衛，朕當然不能冷落了他們。」

仁宗極力提拔狄青，狄青先後做過侍衛步軍殿前都虞侯、眉州防禦使、步軍副都指揮使、保大安遠兩軍節度觀察留後、馬軍副都指揮使等官，十多年就位居顯貴行列。

狄青深知仁宗的恩義，他常對部下告誡說：

「皇上不介意我的出身，我之所以有今天，都是皇上所賜。皇上乃明君，我們都要誓死報效、英勇殺敵。」

皇祐年間，廣源州蠻族人儂智高叛亂，攻陷邕州，圍攻廣州，嶺南的蠻族部人也跟著響應，聲勢很大。

仁宗先後派了幾員大將去征伐，很長時間都沒有奏效，仁宗一時愁眉不展，心慌不已。此時，狄青上書請命，他說：

「臣當兵出身，長期承受陛下的大恩，今日當是臣報答陛下的時候了，無論多麼艱苦，臣一定建功報國，死而後已。」

仁宗大感欣慰，他高興地對群臣說：

「嶺南戰爭不濟，朕整日不得安心。狄青主動請戰，為朕分憂，這才是真正的良將啊！朕一向對他抱有厚望，相信他必奮力死戰，不負朕望。」

仁宗想要提拔狄青的官職，馬上有大臣阻止道：

「狄青未建功勳，此刻升遷還不是時候。不如待其凱旋，陛下再升遷其官職也不遲。」

仁宗又一次嘆道：

「這樣做就太勢利了，怎能真正打動人心呢？朕就是要表明朕對狄青的信任和垂青，使其一心殺敵。」

仁宗任命狄青為宣徽南院使、荊湖南北路宣撫使、廣南盜賊事經制使，身兼數職。狄青十分惶恐，他上書請辭道：

「臣殺敵報國，本屬應該，陛下賞賜太優，臣不敢接受。」

仁宗召見狄青，對他說：

「朕依靠將軍平叛，國家命運全在將軍身上，何等賞賜都是應該的，你無需謙讓。朕不是吝嗇之人，更不是只說不做之輩，朕該做的都做了，剩下就看你的了。」

狄青感動地落淚，決心以死報效仁宗。狄青對部將說：

「皇上對我們如天高如地厚，難道我們還能不盡全力嗎？我們不僅為了皇上，且也為了我們自己的大好前程。」

狄青全力討敵，屢打勝仗。仁宗不斷給與重賞，連連升遷他的官職。

回到京城後，仁宗任命他為樞密使，賜給他一處名為收敦教坊的住宅，對他的每個兒子也加官封爵。

仁宗對手下大臣說：

「朕借助臣子才得以治理天下，若是只想著自己的好處那肯定是不行的。狄青為朕殺敵、為國建功，朕若有功不賞，哪能令其安心呢？」

有道是：「君要臣死，臣不得不死。」身為擁有至高權力的封建皇帝都知道借用他人勢力時要不吝回報。今天的人們又有什麼理由要求別人幫你時吝嗇呢？畢竟，沒有人有義務幫你，借勢給你。

讓他人滿足，自己才會如願

人生在世，沒有不求人的。向人求助的同時，要記得回報他人。一心想算計他人而毫無助人之念者是自私的，亦不會有成就的；先有助人之心，而後方能有人相助，這是不滅的定律。借勢先要付出，在付出與得到之中才有可能獲得雙贏，這才是最理想的狀態。剝奪他人的東西不是真正的借勢，只會帶來更多的仇怨和麻煩，與借勢的初衷和目的背道而馳。

戰國時期，燕國人蔡澤到處遊說，希望求取一官半職，施展自己的抱負。

蔡澤去過大小不少國家，到處碰壁，蔡澤對天長嘆道：

「我滿腹才學，為何無人用我呢？難道上天真的不肯幫助我？」

蔡澤曾到著名相士唐舉處看相，他對唐舉訴了半天苦，然

後說道：

「先生盡可直言相告，我蔡澤若是無富貴之命，從今以後再也不去四處奔波了。」

唐舉一笑說：

「看你如此自負，想必身有大才，你既然如此自信，也不必相信相面之術，你還是回去吧！」

蔡澤苦苦央求，唐舉指點他說：

「你只想讓別人滿足你，卻不思如何去滿足他人，難怪身遭磨難。做人要先想他人，這樣，你才會如意。」

唐舉又藉著相面之術，進一步說：

「來我這看相之人，都喜歡聽我的好話，這是他們共同的弱點啊！我不敢一一據實道來，卻也令他們各個歡喜，這不是很好嗎？從前我尚有慚愧之心，想來實是不必，人活著不就是圖個痛快嗎？我自己也不敢斷定我言之無誤，為何苛求他人呢？」

蔡澤深受啟發，頓時消除了不少傲氣，他自悟道：

「我太忽略他人的感受了，這是我失敗的根源啊！」

蔡澤痛定思痛，他決定西去秦國。為了引起人們的注意，他讓人製造輿論，到處散布消息說「燕國來的蔡澤，是天下最傑出的人才，只要蔡澤一見昭王，昭王必定會重用他，奪走相國范雎的相位」。

蔡澤的隨從十分不解他的這個做法，向他發問道：

「先生一到秦國就挑戰范雎，出言不遜，難道不怕范雎會報

復先生嗎？」

蔡澤沉思良久，方言：

「我是一個無名小卒，想在秦國發展就需要借助范雎的勢力，只有說服了范雎幫我，我才能有望成功。我大造輿論，只是想激怒他，這樣我們方可相見啊！到時候我再進言，一切也就會進入正題了。」

范雎聽到消息，果然有點生氣，他自負地對手下說：

「我學問廣博，閱歷深厚，相信無人是我的對手，可笑不知名的蔡澤無端生事，我一定要當面教訓教訓他！」

范雎派人把蔡澤找來，質問道：

「你有何德何能，竟敢出言放肆，目中無人？」

蔡澤傲慢道：

「你當面如此無禮，可見並不是個禮賢下士的謙謙君子，難怪我並不敬重你了。」

范雎一愣，眼見蔡澤相貌不凡，言語犀利，范雎口氣稍緩，說道：

「你有何高見，我願聞其詳。」

蔡澤平視范雎說：

「我一介書生，無官無位，如此施展抱負是不可能的。大人若能幫我，在下一定感激，亦可為大人解除他日之憂。我現在來求助大人並非只是為了自己，大人肯聽此中原因嗎？」

范雎點頭，蔡澤繼續說道：

「大人為秦國建立的功勳已經很多，大人的地位已經不可能

再升，大人的富貴也已經讓他們難及，大人還求什麼呢？所謂物極必反，大人功高震主，君臣忌恨，接下來便是無盡的猜疑和攻訐。古時的周公尚不能保全自己，何況大人呢？聖人遵循進退之道，懂得福禍之理，大人不學聖人，且貪戀權位，這是大人的失誤，不可不反省了。如果大人舉薦了我，那麼大人不僅可以全身而退，而且可有薦賢之名，這對大人全無弊處，為何不實行呢？大人給予在下的恩澤，在下又豈敢忘懷？有我繼承大人的事業，大人當無不放心之處了。」

范雎思忖多時，愈發覺得蔡澤高明，他便向秦昭王推薦蔡澤，並且極盡美言。有了范雎的舉薦，蔡澤很快被任命為客卿。范雎接著稱病請辭，蔡澤於是接任秦國丞相，實現了自己的心願。

蔡澤最初的失意，是因為其頭腦裡充斥著「我要」。後來，經唐舉的指點，開始思考「我給」。思維換位，他果然就發現自己能給權勢熾盛的范雎一個「薦賢」之美名與「全身而退」的機會。特別是後者，直接關係到范雎的性命。能給自己保全性命的途徑，還能博一個薦賢之美名，試想：又有誰能拒絕這份「美意」呢？

古人云：「人足自足焉」。意思是讓人滿足，自己就會如願。身為現代人，我們更應該多進行換位思考，看別人需要什麼，你投之以桃，對方報之以李，互利互惠，共創和諧。

「借刀殺人」的妙招

借刀殺人，出自三十六計。講究的是「刀」要「借」得巧妙，不動聲色；「人」要「殺」得機智，不留痕跡。

一己之力，畢竟有限，若能借助他人的力量巧除對手，實在是一種人生的大智慧。面對面地交鋒，即便有必勝的把握，也是「傷敵一萬，自損八千」，而不動聲色地借用第三者的力量除去對手，可以讓自己不傷片甲。

香港巨富李嘉誠曾成功地運用「借刀殺人」之計，既迴避了風險，又獲得了巨大的收益，還取得了廣泛的讚譽。

在那場震動全香港的九龍倉收購大戰之前，他早已開始暗暗行動了。九龍倉是一塊風水寶地，具有得天獨厚的地理優勢，英資怡和財團獨霸已久。

當李嘉誠的長江塑膠廠更名為長江工業有限公司時，他的實力已成倍暴增，身為備受英資怡和財團排擠欺壓的華資企業佼佼者，他決心收購九龍倉，以報往日的一箭之仇。

正當他挪用巨額資金，暗暗吸納九龍倉股票時，號稱「船王」的環球航運公司總裁包玉剛開始實施他的「登陸計畫」，也看中了九龍倉，他大量搶購九龍倉股票，並宣布收購九龍倉，致使九龍倉股票大幅飆升，由 10 多塊升至 40 多元。

包玉剛的「登陸計畫」讓李嘉誠為之一愣，也讓怡和財團大為恐慌，急忙尋找靠山，匯豐銀行憑藉自己雄厚的實力，給予怡和財團堅實的支持，讓怡和財團吃了一顆定心丸。

分析過敵我形勢，李嘉誠果斷地作出了決定：自己的實力

不如怡和，如果硬拚，勢必損耗自己，何不讓給包玉剛，由包玉剛和怡和拚個你死我活呢？

李嘉誠高明地採用了「借刀殺人」的策略，將自己暗中吸納的一千多萬股九龍倉股票賣給了包玉剛，並獲利五千多萬港元。作為報答，包玉剛把自己持有的和記黃埔股票出讓給李嘉誠，讓李嘉誠大大的賺了一把。

結果，一場空前慘烈的拚殺在包玉剛與怡和財團之間展開了。

為獲得超過 49% 的股份以便控股九龍倉，包玉剛動用了高達 30 億港元的巨額資金。怡和財團為保住九龍倉，不惜孤注一擲，也動用巨資，進行瘋狂的反收購，居然開出一股 90 多元的高價。

包玉剛也毫不示弱，以 105 元一股的天價強行收購，終於成功地控制了九龍倉，香港市民無不歡欣雀躍，無數華資企業揚眉吐氣。

為感謝李嘉誠的鼎力支持，包玉剛以極其優惠的條件，讓李嘉誠設計西環的貨倉大廈，使李嘉誠又得到不少的好處。

李嘉誠借助包玉剛這把利「刀」，痛快淋漓地「殺」敗了自己的心腹大患怡和財團，九龍倉落入包玉剛之手，華資企業從此揚眉吐氣，英資財團逐步喪失了控制香港經濟命脈的能力。

借刀殺人，既使李嘉誠除去了心腹大患，又避免了正面交鋒的風險，同時還獲得了巨額的收益，贏得了包玉剛和香港市民的廣泛讚譽。

一舉數得，李嘉誠這招「借刀殺人」實在高明。可見，只要

把借勢運用得當，同樣能大獲成功。

九龍倉收購戰由於打破了英資財團套在華資企業身上的枷鎖，是香港華人的共同願望，帶有更多的民族主義色彩，因此李嘉誠的「借刀殺人」計反而廣受讚譽，更受港人的尊敬。

更為奇特的是，李嘉誠由於退出九龍倉收購戰的爭奪，反而獲得了匯豐銀行的好感，增進了與匯豐銀行的業務往來，為今後自己爭奪和記黃埔又打下了良好的基礎。

「借刀殺人」運用到這種境界，才算得上是經典之作。而眾多也使用此計的商家反而因為應用方式不如，雖也攫取了一定的好處，卻被人斥為「奸商」，背上了惡名，對日後企業的發展大為不利。

李嘉誠的經典之作，的確值得我們反覆玩味。

借刀殺人，刀一定要鋒利。要找一把鋒利的刀，往往需要具備相當的眼光，付出一定的努力。

當年，英國曼徹斯特市有兩大著名的建築公司「泰迪」和「莫爾比」，雙方競爭異常激烈，劍拔弩張，勢同水火。

當時的鋼材供應處於嚴重的賣方市場，規模較大的第爾鋼鐵材料公司是這兩大建築公司的鋼材供應商，由於莫爾比公司總裁和第爾公司總裁有同窗之誼，關係非同一般，因此莫爾比公司會得到價廉質高的鋼材，在建築市場中如魚得水。而泰迪公司就沒有那麼幸運了，不僅要付出較高的價錢，且常常受到第爾公司的刁難，鋼材供應很不及時，常常影響工程進度，使泰迪公司總裁叫苦連天。

為改變被動局勢，泰迪公司總裁專程請來了大名鼎鼎的經

濟間諜赫爾，請他想出一個辦法破解此局。

赫爾果然不同凡響，他密切關注莫爾比公司的動向，並僱了一個流浪漢去蒐集莫爾比公司的垃圾，由他從中挑揀有價值的東西。皇天不負苦心人，幾個月後，他終於從垃圾中發現了一張廢棄的照片，居然是莫爾比公司總裁正在與人偷情幽會的畫面。

赫爾喜出望外，急忙把這張照片交到泰迪公司總裁手裡。儘管照片中的人物有點模糊，但還是能清清楚楚確認兩個人的身分：一個是莫爾比公司的總裁，一個是比總裁小二十歲的年輕女祕書。泰迪公司總裁一見，如獲至寶，急忙派人把照片送到第爾公司總裁手裡。

第爾公司總裁是個為人極為嚴謹的古板老人，他見到照片，頓時火冒三丈。從此以後，莫爾比公司的鋼材供應遭到前所未有的刁難，不僅價格奇高，而且供應很不及時，嚴重影響了工程進度，不斷受到索賠的懲罰，聲譽日下，處境愈來愈不利。

莫爾比公司總裁剛開始還很莫名其妙，隨後明白是東窗事發，眼看公司江河日下，只得忍痛辭職而去。

泰迪公司的總裁僅藉區區一張照片，便順利除掉了心腹大患，這要歸功於他借的刀是一把鋒利的刀。這把鋒利的刀也只有透過生活嚴謹的古板老人之手，才會發揮作用。試想：若第爾公司總裁也是生活放蕩之人，他的刀會有「殺人」的功效嗎？

153

第八章

勢在必得 —— 如何乘勢

偉大人物的成功往往在於自身的才德兼備，但更重要的是大都懂得乘勢而行，伺機而動。龍無雲則成蟲，虎無風則類犬。歷史上的成功者都不會違背時勢而率意妄動。倘若時機不成熟，便應甘於寂寞，靜觀其變，有如姜太公閒釣於渭水，諸葛亮抱膝於隆中；一旦風雲際會，時運驟至，就會奮然而起，當仁不讓，改變歷史。又如唐朝開國皇帝李世民在「玄武門之變」時，先發制人，誅殺長兄建成；再如宋朝開國皇帝趙匡胤策動「陳橋兵變」，黃袍加身。這就是儒家所說的「窮則獨善其身，達則兼善天下」。

　　勢在必得、勢不可擋、勢如破竹，這些成語所傳遞給我們的都是乘勢的神奇力量。明勢的最終目的是乘勢，而要乘上勢頭，就要抓住最佳的時機。機不可失，時不再來。雖有智慧，不如乘勢。所以有大智者不與天爭，不與勢抗，因為他們明白，真理有如舟船，時運有如江河，沒有可達彼岸的浩瀚之水，真理只不過是一個寸步難行的客觀規律。

順勢者昌，乘勢者旺

　　戰國時期，魯國有一個姓施的人家，他有兩個兒子，一個喜好學問，一個則喜好作戰。喜好學問的那個兒子，用他所學去齊國遊說，齊國君主讓他做了公子們的老師；喜好作戰的那個兒子，用他所學去楚國遊說，楚國的君主讓他做了軍官。這樣一來，施家便因此而發達了。

　　施家的鄰居姓孟，也有兩個兒子，同樣也是一個習文，一

個習武，但孟家很貧困。孟家見施家一下子變得很富有，非常羨慕，便去施家請教致富的經驗。施家便把兩個兒子出外遊說而做官的事，原原本本地告訴了孟家。

孟家習文的兒子用他所學，向秦國君主大講仁義治國的道理，秦王不滿地說：「寡人如果採納你說的仁義治國，必遭滅亡！因為當今各國都是採用武力競爭，所專心做的不過是足食足兵而已。」秦王一氣之下，下令對他進行閹割之刑（即割掉睪丸），然後放了他。孟家習武的兒子，用他所學向衛國君主遊說。衛王對他說：「衛國只是一個弱小的國家，夾在幾個大國之中求生存，不得不服從大國，安撫小國，以保平安無事。寡人如果採納你武力謀勝的辦法，衛國很快就會滅亡。」衛王心想，如果就這樣放這個人回去，他必定還會去別國遊說武力競爭之事，將對我國造成嚴重威脅，於是下令砍斷他的腳，送回魯國。

孟家見兩個兒子的遭遇，不但沒有致富反而受害，一家人氣得捶胸頓足。於是，孟家非常氣憤地找到施家，又哭又鬧，大加責備。施家心平氣和地解釋道：「我們兩家一直和睦相處，你們有難，我們很能理解和同情。不過，這件事呢，應當總結教訓才是。這其中包含了深刻的道理：『不管什麼樣的人，凡是他的行為符合時宜者就會昌盛，違背時宜者就會危亡。』就我們兩家來說吧，所學和做法都是一樣的，為什麼結果卻完全相反呢？並不是因為你們的行為和做法不對，而是違背了時宜。天下的道理沒有絕對正確的，也沒有絕對錯誤的。過去所用的道理，現在也許認為過時而不適用；現在要捨棄的，也許將來又要用它。這種用與不用，沒有一定的是非和準則。看準機會，

迎合時機，並沒有固定的方式，必須要靠聰明機智。否則，縱使有像孔子那樣的博學，像呂尚那樣的謀略，不合時宜，到什麼地方都擺脫不了窮困！」孟家父子聽了，才恍然大悟，逐漸消除了對施家的怨恨。

同一種做法，結果卻相反，這是常有的事。因為迎合了時宜而得到了昌盛，是施家的做法，孟家的做法因為違背了時宜，反遭禍害。前者做事有針對性，即找對了對象，根據對象目前的實際情況以所學去迎合，目的性明確，自然會產生好的結果；後者做事缺乏針對性，不符合對象的實際情況，甚至還讓人產生衝突，當然會帶來不好的結果。

這說明了一切想法和策略都應從實際的觀點出發，具體情況應做具體分析，切不可生搬硬套。同時，也必須讓言語和行動順應時代局勢，識時務、合時宜，緊扣時代的脈搏，才能更恰當地施展聰明才智，否則將會帶來很大的危害。這就是人們常說的實事求是，說穿了也就是順應時勢。

乘勢而行，大事可成

形勢賜予我們的機遇往往具有決定性的成功因素。一個人縱然有通天本領，如果處於一個萬馬齊喑的時代，他也不可能有太大的作為。好的形勢則猶如東風，此時乘勢而行就猶如順風揚帆，可以事半功倍。所以，掌握自己的命運，關鍵是要順應形勢、趨利避害，才有可能做一個掌握時代的先驅者。

很多年以前，美國國民銀行和芝加哥信託公司主管貸款的副行長鮑爾‧雷蒙給他的銀行顧客提供了一種服務：他送給顧客一本杜威的書《經濟循環》。這本書使顧客裡有許多人都創造了財富，因為這些顧客學會和理解了商業循環和趨勢的理論。其中有些人雖然未能創造新的財富，卻能保住本錢，不管經濟趨勢如何變化，他們最終都沒有損失已經獲得的財富。但任職於經濟循環研究基金會主任多年的杜威指出：每一種活的有機體，無論他是個人、事業或國家，都會逐漸成熟，逐漸發展，然後死亡；因此，不管經濟循環和趨勢如何，身為一個個體，只有乘勢而行方能做出一番成就。順應形勢的發展，才能成功地應付挑戰。就你和你的利益而論，不管管理體制總體的趨勢怎樣，你可以用新的生活、新的血液、新的想法和新的行動去改變局部的趨勢。

在古代博大精深的思想寶藏中，也曾有過「出世」與「入世」的爭論，其核心重點是 —— 有才能的人應該以何種方式來對待自己面臨的時代。

得出的重要結論之一便是主張「順道而行」，根據時代的性質來決定自己的行為方式。就連以「知其不可而為之」聞名的孔子也曾說過：「天下有道則見，無道則隱」。「邦有道，則仕；邦無道，則可卷而懷之。」

雖然當代多數人在成長過程中，都曾有過不幸的過去，但總體而言還是幸運的，因為我們遇到了一個相對穩定的時代，整個社會充滿了對人才的渴望和呼喚。而面對時代所提供的前所未有的機遇，有識之士終於可以「天下有道則見」了。許多人

的命運出現了根本性的轉變，創造出輝煌燦爛的人生。

發達進步的時代，就是能為人的發展提供更多機遇的時代，它使人們能有更多的自由去選擇、去改變自己的命運。在「計畫經濟」時代的利益格局下，一個人的命運可能是固定、卑賤的，永遠無法得到某些東西，永遠無法改變自身的生存狀態；而「市場經濟」的時代，則為我們提供了各種成功的可能。

回顧古今名人的成長史，我們可以深切地體會到：沒有時代所賜予的良機，沒有乘勢而動的膽量和氣魄，就不會有輝煌的人生和事業成就。

看準就做，馬上行動

有很多富有的大企業家並沒有學過經濟學，他們成功的關鍵就在於行動力強：一旦發現機遇，就能把機遇牢牢地抓在手中。在某本講述英國十大首富成功祕訣的書裡，作者分析當時英國頂尖首富的致富祕訣時指出：「如果把他們的成功歸結於深思熟慮的能力和高瞻遠矚的思想，那就過於片面了。他們真正的才能在於他們審時度勢後付諸行動的速度，這才是他們最了不起的，這才是使他們出類拔萃，位居實業界最高、最難職位的原因。『看準就做，馬上行動』是他們的座右銘。」

看清今天的局勢、預測明天的局勢，這些都很重要，但同樣重要的是付諸行動以順應時勢。人生本來就是要在不斷行動中實現的。

千里之行，始於足下。對成功之路說一千道一萬，最終還是歸結於腳踏實地的行動。美國成功學家拿破崙·希爾說：「在通往失敗與絕望的路上，堆滿了沒有付諸行動來實現的夢想。」

美國某演員在決定提前退休去追求畢生夢想的表演事業之前，已在陸軍服役長達十四年。朋友和家人們聽到他要離開生涯有保障的軍職時，都說他瘋了。他們提醒他只要再等六年，便可以領到全額退休金。有些人還指出，演員的生活不易，甚至說像他這種年紀還想成為電影明星簡直就是做夢。不管成功的可能性有多少，也不顧其他人的建議如何，他還是勇敢地前往好萊塢。經過一段辛苦與忍耐，他終於實現了夢想。後來他又繼續在一系列成功的電視劇和電影中擔任角色，並因出色的表現而榮獲艾美獎。

著名的松下電器創始人松下幸之助也是個知道並做到「乘勢而行」的人。1910 年 10 月，松下幸之助進入一家電燈公司，擔任一名安裝室內電線的實習工。他在七年後辭職，自己開設工廠，製造電燈燈頭，終於發展成為日本乃至全世界一流的家庭電器用品製造廠商。

出身貧寒的松下幸之助是怎麼白手起家的呢？

日本明治維新以後，歐美各國新的交通工具與先進技術都逐漸進入日本，電車是其中最引人注目的交通工具之一。松下透過預測、推想和分析，認為各線電車一旦完成通車，腳踏車的需要就會減少，將來這種行業不太樂觀。相反的，與電車相關的電氣事業因為能滿足人們的迫切需要，日後一定會興盛起來。

由於具有敏銳感和對商業發展趨勢方向的正確預測，松下才能不被過去與現在的事務所羈絆，能隨時隨地表現出決斷能力。這便是松下幸之助成功的重要因素之一。

　　於是，松下幸之助毅然辭去了人人羨慕的腳踏車店工作，來到大阪電燈公司當一名內線實習工。儘管他對電的知識一竅不通，但由於這是他興趣所在，所以學起來得心應手，很快便掌握了安裝和處理技術，成為熟練的獨立技工。由於工作出色，1911 年，松下晉升為工程負責人。

　　在工作中，松下改良並試製出一種新產品，但上司卻對此態度冷淡，松下為自己的發明遭到冷落感到惋惜和不服，有了挫折感。他覺得，即使在自己嚮往的電燈公司工作，也無法讓自己志向和才能得到充分施展，唯一的辦法就是另立門戶自己創業。於是他在大阪市一個地方租了一間不到十平方公尺的房間，開設了一家小作坊，職工共有五人，包括松下夫婦及弟弟井植歲男（後成為三洋電機公司的創始人），產品便是松下發明的新式電燈插口。這就是聞名全球的松下電器公司的雛形。

　　工廠成立後，松下面臨的卻是失敗。1917 年 10 月，電燈插口製作成功，但 10 天只賣出 100 個，營業額不足 10 日元，不僅沒有盈利，連本錢都賠光了。全家只能靠典當物品艱難度日。

　　但松下並沒有被眼前的困難嚇倒，因為他相信，自己的努力一定能帶來真正有價值的東西。同年年底，機會來了，川比電氣電風扇廠讓松下替該廠試製一千個電風扇絕緣底盤。這對困境中的松下來說如同久旱逢甘霖。松下反覆試驗，解決了技術難題，與妻子、弟弟一起日夜奮戰，在年關迫近時如期交了

貨，且品質博得好評。結果，松下在年底獲得了 80 日元的盈利，這是他賺取的人生第一筆盈利。

1918 年 3 月，松下幸之助在大阪市北區西野田成立松下電器器具製作所，從而邁出了他創業生涯中成功的第一步。經過數十年的艱苦經營，松下終於讓自己的企業成為以生產電子產品為主的國際性龐大企業集團。公司規模在日本僅次於豐田與日立兩家公司，擁有職員約數十萬人，資產幾百億美元。

從松下幸之助由白手起家到變成富可敵國企業家的經歷可以看出，順應局勢的事大可放手去做，儘管其中可能會遇到許多困難，但時代洪流卻是不可阻擋的，付出最終必有收穫。所以只要是認定的事，就別再猶豫，朝著成功的理想執著追求吧！

風不會只朝一個方向吹，潮水也不可能一直漲下去。趁有風的時候，放飛你的風箏；趁漲潮的時候，把船推入大海。

如果我們已經明勢，從「勢」看到了機會的駿馬，那麼就趕快騎上馬背吧！機會像時間一樣，似白駒過隙般迅速出現又會迅速消失。失去的機會，永遠不可能再得到了，這就像人不能兩次踏入同一條河流一樣。

《孟子・公孫丑上》曾引用齊人的話，譯為白話意指：「雖然有智慧，不如趁形勢；雖然有鋤頭，不如等農時」。類似的諺語還有「順勢而為」、「因地制宜」；禪宗慧海禪師講「該吃飯時就吃飯，該睡覺時就睡覺」，講的都是這個意思。

從某種意義上說，個人智慧的確不如時勢造英雄，工具優良也的確不如時機重要。所以，很多人怨天尤人，認為自己懷

才不遇，實際上是還沒有學會乘勢待時、抓住時機。可以用田徑賽中的起跑為例。如果你錯過了起跑的口令，老是慢半拍才回過神來，這就是沒有抓住時機，自然會影響你的成績，一定會被別人甩在後頭。但是，如果你投機取巧，搶在口令之前起跑，那就不僅沒有抓住時機，反而還犯了規，就有被取消比賽成績的危險了。

識時務者為俊傑，因此，真正要乘勢待進，還是離不開智慧。有智慧才能正確分析各方面錯綜複雜的情況，作出決斷，抓準時機，收到事半功倍的效果。相反的，則很難做到這一點，往往讓時機從自己的身旁悄悄溜走而不知曉。就像人所說：「許多人對於時機，就如小孩子們在岸邊所做的事一樣，他們的小手裝滿砂粒，又讓那些砂粒往下漏，一粒粒地落下以至於盡。」

在日益健全而又成熟的經濟秩序下，市場猶如一局又一局簡單明瞭而又變化萬千的棋局，局局如新。只有摸準時勢的脈搏，踩對時勢的節拍，才能做到順應潮流，才能輕鬆而又實在地賺到大錢。無論是做生意、炒股票，還是選擇自己的職業，機遇的問題都愈來愈突出地擺在大家面前。如何乘勢待時，抓住機遇，當然也就愈來愈引起人們的重視。

靜候良機，一招制敵

有時，耐心等待時機對於乘勢是非常重要的。

戰國時，安陵君是楚王的寵臣。有一天，江乙對安陵君說：「你沒有一點土地，宮中又沒有骨肉至親，然而身居高位，接受優厚的俸祿，國人見了您無不整衣下拜，無人不願接受您的指令為您效勞，這是為什麼呢？」

安陵君說：「這不過是大王過度地抬舉我罷了。不然哪能這樣！」

江乙便指出：「用錢財相交的朋友，錢財一旦用盡，交情也就斷絕；靠美色結交的朋友，色衰則情移。因此狐媚的女子不等臥席磨破，就遭遺棄；得寵的臣子不等車子坐壞，已被驅逐。如今您掌握楚國大權，卻沒有辦法和大王深交，我暗自替您著急，覺得您處於危險之中。」

安陵君一聽，恍如大夢初醒，方知自己其實正處於一個非常危險的境地。他恭恭敬敬地拜請江乙：「既然這樣，請先生指點迷津。」

「希望您一定要找個機會對大王說，願隨大王一起死，以身為大王殉葬。如果您這樣說了，必能長久地保住權位。」

安陵君說：「我謹依先生之見。」

但是又過了三年，安陵君依然沒有對楚王提起這句話。江乙為此又去見安陵君：

「我對您說的那些話，至今您也不去說，既然您不用我的計謀，我就不敢再見您的面了。」

言罷就要告辭。安陵君急忙挽留，說：

「我怎敢忘卻先生教誨，只是一時還沒有合適的機會。」

又過了幾個月，時機終於來臨了。這時候楚王到雲、楚地區遊獵，一千多輛奔馳的馬車連接不斷，旌旗蔽日，野火如霞，聲威十分壯觀。

這時一條狂怒的野牛順著車輪的軌跡跑過來，楚王拉弓射箭，一箭正中牛頭，把野牛射死。百官和護衛歡聲雷動，齊聲稱讚。楚王抽出牛尾的旗幟，用旗杆按住牛頭，仰天大笑道：

「痛快啊！今天的遊獵，寡人何等快活！待我萬歲千秋以後，你們誰能和我共有今天的快樂呢？」

這時安陵君淚流滿面匍匐在地上說：「我進宮後就與大王共席共座，到外面我就陪伴大王乘車。如果大王萬歲千秋之後，我希望隨大王奔赴黃泉，變做席墊為大王阻擋螻蟻，哪有比這種快樂更寬慰的事情呢？」

楚王聞聽此言，深受感動，正式設壇封他為安陵君，安陵君自此更得楚王寵信。

後來人們聽到這事都說：「江乙可說是善於謀勢，安陵君可以說是善於等待時機。」

等待時機的來臨需要充分的耐心。這個過程也是積極準備、等待條件成熟的過程。不過，等待時機絕不等於坐視不動。《淮南子‧道應》云：「事者，應變而動，變生於時，故知時者無常行。」

儘管江乙眼光銳利、料事如神，畢竟事情的發展不會像人們設想的那麼順利和平靜，而安陵君過人之處則在於他有充分的耐心，等候楚王欣喜而又傷感的那個時刻，這時安陵君的表白，才無疑是雪中送炭，溫暖君心，因此也改變了險境，保住

了長久的寵臣地位和榮華富貴。

適可而止，見好便收

　　有福不可享盡，有勢不可用盡。世事如浮雲，瞬息萬變。不過，世事的變化並非無章可循，而是窮極則返，循環往復。《周易‧復卦‧彖辭》中說：「復其見天地之心乎。」《易經‧豐卦‧象曰》：「日中則昃，月盈則食。」中國人從週而復始的自然變化中得到心靈的啟示：「無平不陂，無往不復」，老子要言不煩地概括為：「反者道之動。」人生變化，猶如環流，事盛則衰，物極必反。生活既然如此，安身立命就應處處講究恰當的分寸。過猶不及，不及是大錯，太過是大惡，恰到好處的才是不偏不倚的中和。基於這種體認，華人在這方面表現出高超的為人藝術。常言：「做人不要做絕，說話不要說盡。」廉頗做人太絕，不得不袒肉負荊，登門向藺相如謝罪。鄭伯說話太盡，無奈何掘地及泉，隧而見母。凡事留一線，日後好相見。凡事都能留有餘地，方可避免走向極端。特別是在權衡進退得失的時候，務必注意適可而止，盡量做到見好就收。

　　一個聰明的女人懂得適度地打扮自己，一個成熟的男子知道恰當地表現自己。美酒飲到微醉處，好花看到半開時。明人許相卿說：「『富貴怕見花開』。此語殊有意味。言已開則謝，適可喜正可懼。」做人要有自知之明的心境，得意時莫忘回頭，著手處當留餘步。正所謂「知足常足，終身不辱，知止常止，終身不恥」。宋人李若拙因仕海沉浮，作《五知先生傳》，謂安身立

命，當知時、知難、知命、知退、知足，後來的人們認為這才是智見。反其道而行，結果必適得其反。

君子好名，小人愛利。人一旦為名利驅使，往往身不由己，只知進、不知退。尤其在古代，不懂得適可而止，見好就收，無疑是臨淵縱馬。封建君王，大多可與同患，難與處安。做臣下的在大名之下，難以久居。故老子早就有言在先：「功成，名遂，身退。」范蠡乘舟浮海，得以終身；文種不聽勸告，飲劍自盡。此二人，足以令中國歷史臣宦者為戒。不過，人的不幸往往就在於「不識廬山真面目」。

任何人都不可能一生總是春風得意。人生最風光、最美妙的時刻也是最短暫的時光。花無百日紅，人無千日好。就像洗牌一樣，不可能總是順利，一副好牌之後就是壞牌的開始。所以，見好就收便是最大的贏家。世故如此，人情也是一樣。與人相交，不論是同性知己還是異性朋友，都要有適可而止的心情。君子之交淡如水，既可避免勢盡人疏、利盡人散的結局，同時友誼也只有在平淡中方能見出真情。愈是形影不離的朋友愈容易反目成仇。受恩深處宜先退，得意濃時便可休。即使是恩愛夫妻，天長日久的耳鬢廝磨，也會有愛老情衰的一天。北宋詞人秦觀所謂「兩情若是長久時，又豈在朝朝暮暮」，這不止是勞燕分飛、兩地分居夫妻之心理安慰，更應成為終日廝守的男女情侶之醒世忠告。

樂不可極，樂極生悲；欲不可縱，縱欲成災。樂極生悲一語幾乎婦孺皆知，但一般人對它的理解是，因快樂過度而得意忘形、頭腦發熱、舉止失當，結果不慎發生意外，惹禍上身，

化喜為悲。凡讀過王羲之的《蘭亭集序》，大致上可以領悟樂極生悲的含義。在崇山峻嶺、茂林修竹的雅緻環境裡，眾賢畢至，高朋會聚，曲水流觴，詠敘幽情，這是何等快樂！王羲之欣然記道：「是日也，天朗氣清，惠風和暢，仰觀宇宙之大，俯察品類之盛，所以游目騁懷，足以極視聽之娛，信可樂也。」但是，就在「快然自足，不知老之將至」之時，突然產生了萬物「修短隨化，終期於盡」的悲哀，於是情緒一轉：「及其所之既倦，情隨事遷，感慨系之矣。向之所欣，俯仰之間，已為陳跡，猶不能不以之興懷。」這是真正的樂極生悲。

　　類似的心情變化還可以在蘇東坡的《前赤壁賦》中進一步得到印證。蘇東坡與客泛舟江上，「飲酒樂甚，扣舷而歌」，這本來是很快活的，偏偏樂極生悲，「客有吹洞簫者，倚歌而和之」，其聲偏偏又嗚嗚然。「如怨如慕，如泣如訴」，這八個字真是把一個人由樂轉悲之後的難言心境寫盡。飲酒本是一件樂事，但多愁善感的人飲酒，往往會見物生情，情到深處反添恨。正如司馬遷所說：「酒極則亂，樂極生悲，萬事盡然。」

　　樂極生悲概括地講，是一個人對生命的熱愛和留戀而生出的惘然和悲哀；詳情而言，是一個人對生活中好花不常開，好景不常在的無奈和惆悵。人的情緒很難停駐在靜止的狀態，人對世事盛衰興亡的更替習以為常之後，心境喜怒哀樂的輪迴變換也成為自然，人在縱情尋樂之後，隨之而來的往往是莫名其妙的空虛傷懷，推之不去、避之不開，因為歡樂和惆悵本來就首尾並列。所以莊子在「欣欣然而樂」之後感嘆：「樂未畢也，哀又繼之。」人只有在生命的愉悅中才能體會真正的悲哀。真正

的喪親之痛，不在喪親之時，而在合家歡宴，或睹舊物思亡人的那一瞬間。人在悲中不知悲，痛定思痛是真痛。

在生活悲歡離合、喜怒哀樂的起承轉合過程中，人應隨時隨地、恰如其分地選擇適合自己的位置。孔子說：「貴在時中！」時就是隨時，中就是中和。所謂時中，就是順時而變，恰到好處。正如孟子所說的：「可以仕則仕，可以止則止，可以久則久，可以速則速」。鑑於人的情感和欲望常常盲目變化的特點，講究時中，就是要注意適可而止，見好就收。

一個人是否成熟的標誌之一是看他會不會退而求其次。退而求其次並不是懦弱畏難。當人生進程的某一方面遇到難以踰越的阻礙時，善於通達權變，能屈能伸，心情愉快地選擇一個更適合自己的目標去追求，事實上這也是一種進取，是一種更踏實可行的以屈為伸，以退為進。力所能進，否則退，量力而行。不自量力是安身立命的大敵。當一個人在一種境地中感到力不從心的時候，退一步反而會海闊天空。勢一旦用盡，便成了強弩之末，栽倒在地成為必然。適可而止，見好就收，這是歷代智者的忠告，更是安身立命的哲學。

第九章

局勢不利——如何因勢

　　強者與弱者的分別，常常只在於面臨不利局勢時化解水準的高低。人生不如意有千種，但應對之法卻有萬般。如何洞悉不利局勢的關鍵問題？如何妥善採取措施來扭轉局勢？

　　孫子云：「因勢而變，謂之神也。」這句話不僅明示了「因勢而變」可以獲得巨大的好處，也暗示了「因勢而變」之艱難。難就難吧，又怕什麼呢？如果沒有難作為門檻，又如何區別人之偉大與平庸、強者與弱者呢？

是品德敗壞導致的嗎

　　失勢總是有原因的，但品德的敗壞卻是首要的一環。古語說：「得道者多助，失道者寡助。」可見失德與失勢的因果關係和內在關聯。失勢者往往看不到「德」的力量和功用，他們有勢時不講操守，不養其德，失勢時怨天尤人，不深刻反省自己，這真是很可悲的。重勢不重德，是小人的行為；重德不重勢，是君子的行為。德在勢先，勢在德後，如果在此本末倒置，定會慘敗收場。

　　有個故事是這樣的。

　　一個商人問一個男孩說：「你想找工作嗎？」

　　「當然！」男孩回答。

　　「但是你必須向我證明你有良好的品德！」

　　「當然可以！」男孩回答：「我馬上就去找曾經僱用過我的老闆。」

「好，你去把他找來吧，我需要和他好好談談你的事情。」

但是男孩去了之後，再也沒有露面。幾天後，商人又遇見了那個男孩，就問男孩怎麼沒有來找自己。

男孩回答說：「因為我前老闆跟我說了您的品德。」

人之所以成為人，與動物有很大的差別，在於我們的社會性。社會性愈強，對人的品德要求就愈高。每個人都需要具有良好的品德，因為社會對我們提出了這樣的要求，沒有品德的社會是不可想像的社會。品德實際上在某種程度上就是一種無形的約束，有時甚至比法律的約束還有意義。

一般情況下，一個社會如果道德敗壞，那麼這個社會就會面臨危機。法國在大革命以前是一個教會制的國家，就是因為社會的上層階級 —— 教士階層道德淪喪，結果在某種程度上促進了革命的發展。在法國著名劇作家莫里哀的戲劇中就描述了許多道德淪喪的偽君子，其中最著名的偽君子 —— 達爾德杜佛（Tartuffe），已經成為偽君子的代名詞。

商人出於經商的目的，自然會對自己的職員提出品德上的要求，可是在別人提出品德要求時，往往忽略了對自己的要求。難怪前面故事中的男孩說：「我前老闆跟我說了您的品德。」他沒有繼續說下去，但我們可以感覺到他的潛臺詞是：「有些商人的品德不好！」最後的結局肯定是男孩不會去替商人工作。

品德是一個人立世的根基。這個根基深厚而扎實的人，就能在社會上站得更穩、走得更健、吃得更開。一個品德敗壞的人，即使權勢熾盛，也如同秋後的蝗蟲，跳不了多久。古人云：「德失而後勢無存也。」面對失勢，人首先應該反省的是：是

否是因為自己的品德出現了問題而導致的惡果？如果原因出現在品德上，想要挽回局勢絕非一日之功。你唯有洗心革面、痛改前非，方有東山再起之機會。然而面對失勢，幾乎沒有人會懷疑自己的品德有什麼問題，就像我們前面提到的那個商人一樣，他喜歡用品德的標準去度量他人，卻不願意度量自己。然而，社會對他們品德認同度卻不像他們想像的那樣白璧無瑕和無可挑剔，這是為什麼呢？答案可能有兩個：一是他們對自己的品德要求也許並不是很高，距離人們普遍認同的道德標準可能還差得較遠；二是他們可能缺乏個人品德的塑造和表現技巧。只有讓自己優秀的品德內化為一種原始的動力，然後再透過自己的言行表現出來，這樣的品德才會產生積極的社會意義，才會對自己的形象加分增色，添增光彩。

美國加州的「克帕爾飲料開發有限公司」需要應徵員工，有一個叫莫布里的年輕人到這個公司去面試，他在一間空曠的會議室裡忐忑不安地等待著。不一會兒，有個相貌平平、衣著樸素的老者進來了。莫布里站了起來。那位老者盯著莫布里看了半天，眼睛一眨也不眨。正當莫布里不知所措的時候，這時老人一把抓住他的手：「我終於找到你了，太感謝你了！上次要不是你，我女兒可能早就沒命了。」

「怎麼回事？」莫布里丈二金剛摸不著頭緒。

「上次，在中央公園，就是你，就是你把我失足落水的女兒從湖裡救上來的！」

老人肯定的說道。莫布里明白了事情的原委，原來是他把莫布里錯當成他女兒的救命恩人了：「先生，您肯定認錯人了！

不是我救了您的女兒！」

「是你，就是你，不會錯的！」老人又一次肯定地回答。

莫布里面對這個感激不已的老人只能做些無所謂的解釋：「先生，真的不是我！您說的那個公園我至今還沒有去過呢！」

聽了這句話，老人鬆開手，失望地望著莫布里：「難道我認錯人了？」

莫布里深情地安慰老先生說：「先生，別著急，慢慢找，一定可以找到您女兒的救命恩人的！」

後來，莫布里在這個公司上班了。有一天，他又遇見了那個老人。莫布里關切地與他打招呼，並詢問他：「您女兒的恩人找到了嗎？」「沒有，我一直沒有找到他！」老人默默地走開了。

莫布里心裡很沉重，對旁邊的一位司機說起了這件事。不料那司機哈哈大笑：「他可憐嗎？他是我們公司的總裁，他女兒落水的故事講好多遍了，事實上他根本沒有女兒！」

「噢？」莫布里大惑不解，那位司機接著說：「我們總裁就是透過這件事來選用人才的。他說過有德之人是可塑之才！」

莫布里被錄取後，兢兢業業，不久就脫穎而出，成為公司市場開發部經理，一年就為公司贏得了數千萬美元的利潤。當總裁退休的時候，莫布里繼承了總裁的位置，成為美國財富巨人，家喻戶曉。後來，他談到自己的成功經驗時說：「一個一輩子做有德之人的人，絕對會贏得別人永久的信任！」

透過這個故事，我們一方面可以看到這位總裁對錄取人才在德行方面的高度重視；另一方面，我們也可以看到莫布里是

一位絕對信守「德」的人才。對於那些另有所圖的人來說，本來完全可以利用這位總裁的「糊里糊塗」，將自己貼上救人英雄的標籤來增加被錄取的機率。但莫布里卻不這麼做，他以德為做人之本，為自己打開人生局面，奠定了最穩固的基石，所以他是透過誠信的做人之道換來了成功之本。

在實際生活中，我們每個人都應當像莫布里一樣，把「德」字刻在心頭，做一個令人放心的人，在一個相互信任的環境中工作，才能敲開成功之門。但就是有些人對此不以為然，總是為利益所驅，常常見好事就跑過去，見壞事就躲開，把做人之本拋到九霄雲外，像老鼠一樣，令人生厭。這樣的人可以成功一時，但絕不可能永遠延續成功的腳步。所以我們絕對有必要記住莫布里的那句話，並把它刻在心頭，守住以「德」為準的做人之本，這樣你遲早有一天會成為另外一個莫布里。

非常時期之非常對策

在一次歐洲籃球錦標賽上，保加利亞隊與捷克隊相遇。當比賽只剩下 8 秒鐘時，持有發球權的保加利亞隊僅以 2 分優勢領先，照一般比賽進程來說，保加利亞隊已穩操勝券，但是，那次錦標賽採用的是循環制，保加利亞隊必須贏球超過 5 分才能淘汰捷克隊贏得出線權。可要用僅剩的八秒鐘再贏 3 分以上絕非易事。

這時，保加利亞隊的教練突然請求暫停。當時許多人認為保加利亞隊大勢已去，被淘汰是不可避免的，該隊教練即使有

回天之力，也很難力挽狂瀾。然而等到暫停結束後比賽繼續進行時，球場上出現了一件令眾人意想不到的事情：只見保加利亞隊拿球的隊員突然運球向自家籃下跑去，並迅速起跳投籃，球應聲入網。這時，全場觀眾目瞪口呆，而比賽結束的時間到了。當裁判宣布雙方打成平手，需要加時賽時，大家才恍然大悟。保加利亞隊這一出人意料之舉，為自己創造了一次起死回生的機會。加時賽的結果是保加利亞隊贏了 6 分，如願以償地出線了。

如果保加利亞隊堅持以常規打完全場比賽，是很難獲得最終勝利的，而往自家籃下投球這一招，頗有以退為進之妙。在一般情況下，照常規辦事沒有錯，但是，當常規已不能適應變化了的新情況時，就應解開思想、打破常規、善於創新、另闢蹊徑。只有這樣，才有可能化腐朽為神奇，在似乎絕望的困境中找到希望，創造出新的生機，獲得出人意料的勝利。

古時候，孔子居住在陳國，離開陳國到蒲地去。這時正好公叔氏在蒲地叛亂，蒲人擋住孔子對他說道：「你如果不到衛國去，我們就把你送出去。」於是，孔子就和蒲人盟誓絕不到衛國去。因此，蒲人把孔子送出東門。可是，出了東門，孔子就徑直向衛國走去。子貢不理解地問道：「盟約也可以違背嗎？」孔子答道：「這種被迫訂的盟約，神靈是不會承認的。」

可以看出，對孔子來說，在特殊的情況下只要能夠到達衛國，你提出什麼條件我都可以答應，即便是說假話也在所不辭。這就叫不能死心眼！既然聖人都能如此，我們凡人又何嘗不能呢？

再舉一個例子。張戴在同州當官,當時朝廷命他制兵器以供邊關作戰用。一次,朝廷急令徵用十萬支箭,並限定必須用雕雁的羽毛做箭羽。這種鳥羽價格昂貴,很難購得。張戴說:「箭是射出去的東西,什麼羽毛不行?」節度使說:「改變箭羽應該向朝廷報告,必須先請求批示。」張戴說:「我們這裡離京城兩千多里路,而邊關又急需用箭,這怎麼來得及呢?如果朝廷怪罪下來,本官承擔一切責任!」於是便按新的標準造箭,一句話降低了購羽毛的開支,也按時完成了造箭的任務。

後來,尚書省同意了張戴的做法。

張戴和孔子的行為特點,都可稱之為隨機應變。但他們所面對的外界環境,並不是白駒過隙、稍縱即逝,相對而言,還是有一點時間可以用來觀察和思考的。為此,只要善於進行理性的分析判斷,並且不那麼「死心眼」就可以做到。

有些時候,外界環境的變化極其迅速、非常突然,令人猝不及防,幾乎來不及思考。究竟應做出什麼樣的反應才是合適的,這時的舉措言行,就不應該被太多的規則所限制,畢竟,要達到主要目標才是正路。

像瘦鵝一樣忍飢耐餓

「人在失意之時,要像瘦鵝一樣能忍飢耐餓,鍛鍊自己的忍耐力,等待機會到來。」這就是有過一段養鵝經歷給「台塑」董事長王永慶帶來的重要啟示。

在抗戰時期，由於糧食不足，鵝飼料極為缺乏，因此，只得讓牠們在野外吃野草。一般說來，鵝養了 4 個月後，就有 5、6 斤重了，可是，當時養的鵝，由於只吃野草，4 個月下來仍只有 2 斤重。

王永慶買下許多的瘦鵝，然後用捲心菜的粗葉子餵牠們（這是當時一般人沒有想到的）。2 斤重的瘦鵝，經過他 2 個月的用心飼養，居然重達 7、8 斤，而且非常肥。究其原因，是因為瘦鵝具有頑強的生命力，不但胃口奇佳，而且消化力極強，所以只要有東西吃，牠們立刻就能胖起來。

美國前副總統亨利・威爾遜（Henry Wilson）說：「我出生在貧困的家庭，當我還在搖籃裡牙牙學語時，貧窮就已經露出了它猙獰的面孔。我深深體會到，當我向母親要一片麵包而她手中什麼也沒有時是什麼滋味。我在 10 歲時就離家遠走異鄉，當了 11 年的學徒，每年可以接受 1 個月的學校教育。最後，在 11 年的艱辛工作之後，我得到了 1 頭牛和 6 隻綿羊作為報酬。我把牠們換成了 84 美元。從出生到 21 歲那年為止，我從來沒有在娛樂上花過 1 美元……」。

在窮困潦倒中，威爾遜就像瘦鵝一樣忍耐著。他無時不渴望一個機會，而只要機會一來臨，他注定會像餓極了的瘦鵝一樣，撲在機會身上把自己吃得滾圓肥壯。在他 21 歲那年，他離開農場徒步 100 英里（約 161 公里）到馬薩諸塞州的內提克去學皮匠手藝。1 年後，他在一個辯論俱樂部裡脫穎而出，12 年之後，他與著名的查爾斯・薩姆納（Charles Sumner）平起平坐，進入了國會。

縱觀人類歷史上的偉大和傑出人物，他們之中相當一部分曾經有過艱辛的童年生活，甚至還倍受命運的虐待，但強者總是善於找到生命的支點。他們及時調整了自己的心態，堅忍地承受著生活的艱辛，在一貧如洗的歲月裡安然走過，並用恆久的努力打破了重重的圍困，在脫離了貧窮困苦的同時，也脫離了平凡，造就了卓越與偉大。

「舜發於畎畝之中，傅說舉於版築之間，膠鬲舉於魚鹽之中，管夷吾舉於士，孫叔敖舉於海，百里奚舉於市。故天將降大任於斯人也，必先苦其心志，勞其筋骨，餓其體膚，空乏其身，行拂亂其所為，所以動心忍性，曾益其所不能。」

這就是《孟子·告子下》的一篇被後人引為勵志名言的一段話，它的大意是這樣的：

舜是從務農起家而當天子的，傅說是在築牆的苦役中被舉用為相的，膠鬲是從販賣魚鹽的商販裡被舉用的，管夷吾是從獄官看管的囚犯中被舉用的，孫叔敖是在海邊被舉用的，百里奚是在市場上被舉用的。所以上天要把重任交給某個人時，一定先使他的心志困苦，使他的筋骨勞累，使他的軀體飢餓，使他的身家困乏，擾亂他，使他的所作所為都不順利，為的是要激發他的心志，堅忍他的性情，增加他所欠缺的能力。

其實這篇文章我們很多人都在就學時期讀過，之所以在教科書中收入這篇文章，是因為這篇文章的價值，可惜學生時期還不曾經歷過太多人生，根本無從體會孟子的苦口婆心。不過，學生時代不懂得這篇文章的價值沒關係，現在你已踏入社會，再回頭來讀它，一點也不遲。

關鍵時刻需保持冷靜

　　有人面對危難之事狂躁發怒、亂了方寸。而成功者卻總是臨危不亂，沉著冷靜，理智地應對危局，之所以能這樣，是因為他們能夠冷靜地觀察問題，在冷靜中尋找出解決問題的突破處。可見，讓過度發熱的大腦冷靜下來對解決問題是何等重要。

　　思考決定行動的方向。那些能成大事的人，大多數都是正確思考的決策者。很顯然，成大事源自於正確的決策，正確的決策又源自於正確的判斷，正確的判斷源自於經驗，而經驗又源自於我們以往的實踐活動。人生中那些看似錯誤或痛苦的經驗，有時卻是最寶貴的財產。在縱觀全局、果斷決策的那一刻，你人生的命運便已經注定。兩強相爭勇者勝，成大事者之所以成功，就在於他決策時的智慧與膽識，在於他能夠及時排除錯誤之見。正確的判斷是成大事者一個經常需要訓練的素養。為什麼呢？因為沒有正確的判斷，就會面臨更多的失敗和危急，而在失敗和危急關頭保持冷靜是很重要的。在平常狀況下，大部分人都能控制自己，也能作正確的決定。但是，一旦事態緊急，他們就會自亂腳步，無法把持住自己。

　　一位美國空軍飛行員說：「二次大戰期間，我獨自擔任 F6 戰鬥機的駕駛員。第一次任務是轟炸、掃射東京灣。從航空母艦起飛後一直保持在高空飛行，到達目的地的上空後再以俯衝的姿態執行任務。」

　　「然而，正當我以雷霆萬鈞的姿態俯衝時，飛機左翼被敵軍擊中，頓時翻轉過來，並急速下墜。」

「我發現海洋竟然在我的頭頂。你知道是什麼東西救我一命的嗎？」

「我接受訓練期間，教官會一再叮嚀說，在緊急狀況中要沉著應付，切勿輕舉妄動。飛機下墜時我就只記得這麼一句話。因此，我什麼機器都沒有亂動，我只是靜靜地想，靜靜地等候把飛機拉起來的最佳時機和位置。最後，我果然幸運地脫險了。假如我當時順著本能的求生反應，未待最佳時機就胡亂操作，必定會使飛機更快下墜而葬身大海。」他強調，「一直到現在，我還記得教官那句話：『不要輕舉妄動而自亂腳步；要冷靜地判斷，抓住最佳的反應時機。』」

面對一件危急的事，出於本能，許多人都會作出驚慌失措的反應。然而，仔細想想，驚慌失措非但於事無補，反而會增加混亂。試想，如果是兩方相爭時，自己一方突然出現意想不到的局面，而對方此時乘危而攻，那豈不是雪上加霜嗎？

所以，在緊急時刻，臨危不亂，處變不驚，以高度的鎮定，冷靜地分析形勢，那才是明智之舉。唐憲宗時期，有個中書令叫裴度。有一天，手下慌慌張張地跑來向他報告說，他的大印不見了。在過去，為官的丟了大印，那可真是一件非同小可的事。可是裴度聽了報告之後卻一點也不驚慌，只是點頭表示知道了。然後，他告誡左右的人千萬不要張揚這件事。

左右之人看裴中書並不如他們想像般驚慌失措，都感到疑惑不解，猜不透裴度心中是怎樣想的。而更讓周圍的人吃驚的是，裴度就像完全忘掉了丟印的事，當晚竟然在府中大宴賓客，和眾人飲酒取樂，十分逍遙自在。

就在酒至半酣時，有人發現大印又被放回原處了。左右手下又迫不及待地向裴度報告這一喜訊，裴度卻依然滿不在乎，好像根本沒有發生過丟印之事一般。那天晚上，宴飲十分暢快，直到盡興方才罷宴，然後各自安然歇息。

而後，下人始終無法揣測裴中書為什麼能如此成竹在胸，事過好久，裴度才向大家提到丟印當時的處置情況。他跟左右說：「丟印的緣由想必是管印的官吏私自拿去用了，恰巧又被你們發現。這時如果嚷嚷出來，偷印的人擔心出事，驚慌之中必定會想到毀滅證據。如果他真的把印偷偷毀棄，印又該從何而找呢？但我們處之以緩，不表露出慌張，這樣也不會讓偷印者感到驚慌，他就會在用過之後悄悄放回原處，而大印也不愁失而復得。所以我就如此那般地做了。」

從人的心理層面而言，遇到突發事件，每個人難免都會產生驚慌的情緒，問題是該怎麼想辦法控制。

楚漢相爭時，有一次劉邦和項羽在兩軍陣前對話，劉邦細述項羽的罪過。項羽大怒，命令暗中潛伏的弓弩手幾千人一齊向劉邦放箭，一支箭正好射中劉邦的胸口，傷勢嚴重，痛得他不得不伏下身來。主將受傷，群龍無首，若楚軍乘人心浮動發起進攻，漢軍必然全軍潰敗。猛然間，劉邦突然鎮靜起來，他巧施妙計 —— 在馬上用手按住自己的腳，大聲喊道：「碰巧被你們射中了！幸好傷在腳趾，並沒有重傷。」軍士們聽此話頓時穩定下來，終於止住了楚軍的進攻。

西晉時，河間王司馬顒、成都王司馬穎起兵討伐洛陽的齊王司馬同。司馬同看到二王的兵馬從東西兩面夾攻京城驚慌異

常，趕緊召集文武群臣商議對策。

　　尚書令王戎說：「現在二王大軍有百萬之眾，來勢凶猛，恐怕難以抵擋，不如暫時讓出大權，以王的身分回到封地去，這是保全之計。」王戎的話音剛落，齊王的一個心腹就怒氣衝衝地吼道：「身為尚書理當共同誅伐，怎能讓大王回到封地去呢？從漢魏以來王侯返國有幾個能保全性命的？持這種主張的人就應該殺頭！」

　　王戎一看大禍臨頭，突然說：「老臣剛才服了點寒食散，現在藥性發作要上廁所。」說罷便急匆匆走到廁所，故意一腳跌了下去，弄得滿身屎尿臭不可聞。齊王和眾臣看後都捂住鼻子大笑不止。王戎便藉機溜掉，免去了一場大禍。正因為王戎有冷靜的頭腦，才能在危急之下身免一死。此事無疑給後人啟示：遇事要沉著冷靜，靜中生計以求萬全。

擁有另闢蹊徑的機智

　　根據經典的相反趨勢理論，人在逆境的時候，孕育的正是反向思維的最佳機會，所以有「失敗為成功之母」一說。身臨絕境，按常規出牌，往往必敗無疑，若能獨闢蹊徑，或可起死回生。

　　從前，有位商人和他長大成人的兒子一起出海遠行。他們隨身帶了滿滿一箱子珠寶，準備在旅途中賣掉，他們沒有向任何人透露過這一祕密。一天，商人偶然聽到了水手們在交頭接

耳。原來，水手們已經發現他們的珠寶，並且正在策劃著謀害他們父子倆，以掠奪這些珠寶。

商人聽了之後嚇得要命，他在自己的小屋內踱來踱去，試圖想找出個擺脫困境的辦法。兒子問他出了什麼事情，父親於是把聽到的全告訴了他。

「和他們拚了！」年輕人斷然道。

「不，」父親回答說，「他們會制服我們的！」

「那把珠寶交給他們？」

「也不行，他們還是會殺人滅口的。」

過了一會兒，商人怒氣衝衝地衝上了甲板，「你這個笨蛋！」他衝著兒子大喊道，「你從來不聽我的忠告！」

「老頭子！」兒子也同樣大聲地說，「你說不出一句讓我中聽的話！」當父子倆開始互相謾罵的時候，水手們好奇地聚集到周圍，看著商人衝向他的小屋，拖出了他的珠寶箱。「忘恩負義的傢伙！」商人尖叫道，「我寧可死於貧困也不會讓你繼承我的財富！」說完這些話，他打開了珠寶箱，水手們看到這麼多的珠寶時都倒吸了一口氣。而此時，商人又衝向了欄杆，在別人阻攔前，將他的寶物全都投入了大海。

又過了一會兒，父與子都目不轉睛地注視著那個空箱子，然後兩人倒躺在一起，為他們所做的事而哭泣不止。後來，當他們倆單獨一起待在船艙裡時，父親說：「我們只能這樣做，孩子，再沒有其他的辦法可以救我們的命了！」

「是的，」兒子答道，「只有您這個法子才是最好的。」

輪船駛進碼頭後，商人與他的兒子匆匆忙忙地趕到了城市的地方法官那裡。他們指控水手們的海盜行為和企圖謀殺罪，法官派人逮捕了那些水手。法官問水手們是否看到老人把他的珠寶投入了大海，水手們都一致說有看到。法官於是判決他們都有罪。法官問道：「什麼人會捨棄掉他一生的積蓄而不顧呢，只有當他面臨生命的危險時才會這樣做吧？」水手們聽了羞愧得表示願意賠償商人的珠寶，法官因此饒了他們的性命。

　　故事中這個久經磨練的商人冷靜度的確高人一籌，而這種絕處求生的應變智慧，使他和兒子既保住了性命，又使錢財失而復得。

　　「山重水複疑無路，柳暗花明又一村」，人有逆天之處，但天無絕人之路。生活中，不管我們遇到什麼樣的艱難險阻，都不要輕言放棄。上天總會在我們最絕望時，幫我們留下一線生機，只要我們善於抓住這些轉瞬即逝的機遇，就能轉危為安，重新揚起希望的風帆。

　　一場由雷電引發的森林火災燒毀了保羅美麗的森林莊園，傷心的保羅想貸款重新種樹，恢復原貌，可是銀行拒絕了他的貸款申請。一天，他出門散步，看到許多人在排隊購買木炭。保羅忽然眼前一亮，他僱了幾個炭工，把莊園裡燒焦的樹木加工成優質木炭，分裝成一千箱，送到市集的木炭分銷店。結果，那一千箱的木炭沒多久時間便被搶購一空。這樣保羅便從經銷商手裡拿到賣木炭所獲的一筆數目不小的錢。在第二年春天，保羅又購買了一大批樹苗，終於讓他的森林莊園重新綠意盎然。一場森林大火，免費為保羅燒出了上等的木炭。

　　局勢可預而又不可預，這就是所謂「命運」的魔力。不可預知的逆境是對我們生命的考驗。保羅處變不驚，沉著應對，化解了危機。在經受挫折的時候，我們也應像保羅一樣調整好心態，保持清醒的頭腦，坦然面對危機，在絕望之中找到另一種前進的動力。切記，如果面對危機，自己先亂了陣腳，不但找不到新的出路，還容易做出錯誤的決策，造成更大的損失。

　　當然，不是任何危機都可以利用，或都能獲得意外的收穫。但是，如果我們善於把握時機，沉著面對困境，就能把危機造成的損失降低到最低程度。

莫將簡單問題複雜化

　　有些人有時會把一些簡單的事情複雜化，愈去研究它，就愈覺得難以戰勝它。實際上，很多時候，解決某些問題只需一個簡單的意念、一個直覺，並且照著你的直覺去做，這樣就可能把自己從令人身心俱疲的思想纏繞中解救出來 —— 看到問題的根本，原來事情就這麼簡單。

　　英國某家報紙曾舉辦過一項高額獎金的有獎徵答活動。題目是：在一個充氣不足的熱氣球上，載著三位關係著世界興亡命運的科學家。

　　第一位是環保專家，他的研究可拯救無數的人們，免於因環境汙染而面臨死亡的噩運。

　　第二位是核子物理專家，他有能力防止全球性的核戰爭爆

發，使地球免於遭受滅亡的絕境。

　　第三位是農業專家，他能在不毛之地，運用專業知識成功種植糧食，使幾千萬人脫離因饑荒而亡的命運。

　　此刻熱氣球即將墜毀，必須至少丟出一個人以減輕載重，其餘的兩人才有可能存活 —— 如果繼續超重，還可能需要再丟下一個人，請問該丟掉哪位科學家？

　　問題刊出之後，因為獎金的數額相當龐大，各地答覆的信件如雪片般飛來。在這些答覆的信中，每個人皆竭其所能，甚至天馬行空地闡述必須丟掉哪位科學家的宏觀見解。

　　最後結果揭曉了，鉅額獎金的得主是一個小男孩。

　　他的答案是 —— 把最胖的那位科學家丟出去。

　　您比較想把哪位科學家丟出去呢？

　　這當然是一種噱頭式的炒作，但這個小男孩睿智而幽默的答案，是否也同時提醒了許多聰明的大人們：最單純的思考方式，往往會比複雜地去鑽牛角尖，更能獲得好的成效。

　　儘管解決疑難問題的好方式有很多，但歸納起來只有一種，那就是真正能切合該問題的實際，而非自說自話、脫離問題本身的盲目探討。所以，往後如遭遇任何困境，我們不妨先仔細想清楚，問題真正的重點何在。

　　我們可以透過單純化的思考，將這種思考的方式模式化，訓練成為日常的習慣。經過反覆的應用，假以時日，您將不會再為問題複雜的表象所困惑，而擁有足夠的智慧，得以找出自己能處理解決的答案來。

　　世界上有許多事本來都很簡單，卻因為人們複雜的思維模式而變得複雜。人們和這些複雜問題不斷地鬥爭，並且依據各種理論、各種經驗，用一些連自己也不明確的方法來解決問題。實際上，解決這些複雜的問題，最好的方法往往就是運用簡單思維。

　　一個農民從洪水中救起了他的妻子，他的孩子卻被淹死了。事後，人們議論紛紛。有人說他做得對，因為孩子可以再生一個，妻子卻不能死而復活。有人說他做錯了，因為妻子可以另娶一個，孩子卻沒辦法死而復活。

　　哲學家聽說了這個故事，也感到疑惑難解，他去問農民。農民告訴他，他救人時什麼也沒有想。洪水襲來時，妻子在他身邊，他抓住妻子就往山坡游，待返回時，孩子已被洪水沖走了。

　　假如這個農民將這個先救誰的問題複雜化，事情的結果又會是怎樣呢？

　　洪水襲來了，妻子和孩子被捲進漩渦，片刻之間就要沒命了，而這個農民還在山坡上進行抉擇，救妻子重要呢，還是救孩子重要？也許等不到農民繼續往下想救妻子還是救孩子的利弊，洪水就把他的妻兒都沖走了。

　　人們經常把一件事情想得非常複雜，在做事之前思前想後，再三權衡利弊。之所以常犯這種錯誤，問題就在於「把一切複雜化」上，這樣就有意無意地幫自己設置了許多「圈套」，在其中鑽來鑽去。殊不知解決問題的方法反而在這些「圈套」之外。

記住這句話吧:「聰明的人把複雜的事情簡單化,愚蠢的人常把簡單的事情複雜化。」為什麼偏要自己和自己較勁呢?值得嗎?

要有「棄子」的決斷與勇氣

有所得必有所失,有時為了全局利益,不得不捨棄一些局部利益,正如下圍棋或下象棋時常用的一招一樣:棄子而保全局。

漢高祖劉邦死後,惠帝劉盈於西元前 194 年繼承皇位。劉盈的同父異母兄弟劉肥此前已受封為齊王,惠帝二年,劉肥進京來朝見劉盈,劉盈則以兄長禮節在呂太后面前設宴招待劉肥,並以一家的長幼之序讓劉肥坐在上座的位置。呂太后見後非常不高興,暗中派人在酒中下了毒藥,並令劉肥為自己祝壽,企圖殺了劉肥。

不料,不明真相的惠帝劉盈也一起拿著斟滿了酒的杯子,起身為呂太后祝福。呂太后非常著急,趕忙拉著惠帝的酒杯把酒潑在地上。劉肥在一旁感到很奇怪,因而也不敢喝那杯酒,假裝自己已經喝醉了,離席而去。後來他得知那果然是毒酒,心裡極為恐慌,擔心自己很難活著離開長安。

這時,隨行的一個內史為他想了一個脫險的計謀。內史對齊王劉肥說:「呂太后就僅僅只有惠帝這麼一個兒子和魯元公主這麼一個親女兒。如今您身為齊國的諸侯王,擁有大小七十多

座城池，而魯元公主僅享有幾座城的食俸，呂太后心中當然不平。您如果獻上一座郡城給呂太后，作為贈給公主的湯沐邑，太后就一定會轉怒為喜，那您就不必擔心了。」

劉肥採用了這個計謀，馬上派人告訴呂太后，他想把自己的城郡送給公主，並尊公主為王太后。呂太后得知後果然非常高興地應允了，並在齊國駐京城的官邸裡置酒款待了齊王一行，齊王也因此而安全地回到了齊國。

關鍵時刻棄城保命，當然是值得的，丟卒保車，才是取勝之道。西元 712 年，唐睿宗讓位給李隆基，自為太上皇，李隆基即位，是為玄宗。當時太平公主密謀奪取政權，宰相崔湜等又依附於太平公主，於是尚書右僕射與中書門下三品、監修國史劉幽求與右羽林軍將軍張暐請求派羽林軍誅殺太平公主及其黨羽。

劉幽求令張暐上奏玄宗說：「宰相中有崔湜、岑羲，都是太平公主引薦的，他們整天圖謀不軌，假如不及早預防，一旦發生變故，太上皇怎麼能放心呢？古人說：『當斷不斷，反受其亂。』請陛下迅速誅殺他們。劉幽求已與我制定了計謀，只要陛下一聲令下，我就率領禁兵，一舉將他們剷除。」唐玄宗認為劉、張二人說得對，可是張暐不小心泄露了他們的密謀，引起了太平公主的疑心與防備。

唐玄宗在得知行動洩密後，馬上採取主動，將忠於自己的劉幽求、張暐二人捉拿，並把劉幽求流放到封州（今廣東封川縣），張暐流放到豐州（今內蒙古杭錦後旗西北）。

唐玄宗果然棋高一著。太平公主見自己的死對頭悉數被唐

玄宗治罪，頓時對唐玄宗放鬆了警惕。一年多後，唐玄宗突然調動禁兵，把太平公主及其黨羽一舉誅殺。唐玄宗為獎賞劉幽求首謀之功，馬上任命他為尚書左僕射、知軍國事、監修國史，封上柱國、徐國公。唐玄宗將張、劉二人治罪，也是一種丟卒保車的策略，反正事後還可把他們提升。

當斷不斷，反受其亂。事情緊急的時候，捨車保帥，捨棄局部利益，以保全整個大局不失，是明智之舉；如果優柔寡斷，損失將會更大。

在美國緬因州，有一個伐木工人叫巴尼‧羅伯格。一天，他獨自一人開車到很遠的地方去伐木。一棵被他用電鋸鋸斷的大樹倒下時，被對面的大樹彈了回來。羅伯格因為站在他不該站的地方，躲閃不及，右腿被沉重的樹幹死死地壓住了，頓時血流不止。

面對自己伐木生涯中從未遇到過的失敗和災難，羅伯格的第一反應就是：「我現在該怎麼辦？」他看到了這個嚴酷的現實：周圍幾十里沒有村莊和居民，十小時以內不會有人來救他，他會因為流血過多而死亡。他不能等待，必須自己救自己 —— 他用盡全身力氣把腿抽出，但怎麼也抽不出來。他摸到身邊的斧頭，開始砍樹。因為用力過猛，才砍了三四下，斧柄就斷了。

羅伯格此時真的覺得沒希望了，不禁嘆了一口氣。但他克制住痛苦和失望。他向四周望了望，發現在身邊不遠的地方，放著他的電鋸。他用斷了的斧柄把電鋸勾到身邊，想用電鋸把壓著腿的樹幹鋸掉。可是，他很快發現樹幹是斜著的，如果鋸樹，樹幹就會把鋸條死死夾住，根本拉動不了。看來，死亡是

不可避免了。

在羅伯格幾乎絕望的時候，他想到了另一條路，那就是 —— 把自己被壓住的大腿鋸掉！

這似乎是唯一可以保住性命的辦法！羅伯格當機立斷，毅然決然地拿起電鋸鋸斷了被壓著的大腿，用皮帶紮住斷腿，並迅速爬回卡車，將自己送到小鎮的醫院。他用難以想像的決心和勇氣，成功地拯救了自己！

人生充滿變數，想處處都順順利利那是不可能的，總會有一些或大或小的災難在不經意之間與我們不期而遇。面對危機形勢，我們又往往會採取習慣的對待措施和辦法 —— 或以緊急救火的方式補救，或以被動補漏的辦法延緩，或以收拾殘局的方法逃離……。雖然這些都是逆境之下十分需要，甚至必不可少的應急措施，但在形勢危急而又無法避免的險境之下，我們還得學會「捨卒保車」甚至「捨車保帥」。卒沒了，有車尚不畏懼；車沒了，有帥或可斡旋。

一位哲學家的女兒靠自己的努力成為聞名遐邇的服裝設計師，她的成功得益於父親那段富有哲理的告誡。父親對她說：「人生免不了失敗。失敗降臨時，最好的辦法是阻止它、克服它、扭轉它，但多數情況下常常無濟於事。那麼，你就換一種思維和智慧，設法讓失敗改道，轉大失敗為小失敗，在失敗中找成功。」是的，失敗恰似一條飛流直下的瀑布，看起來驚湍急瀉、不可阻擋，實際上卻可以憑藉人們的智慧和勇氣，讓其改變方向，朝著人們期待的目標潺潺而流。就像巴尼‧羅伯格，當他清楚地意識到用自己的力氣已經不能把腿拔出、也無法用

電鋸鋸開樹幹時，便毅然將腿鋸掉。雖然這只能說是一種失敗，卻避免了任其發展下去會導致的更大失敗，丟卒保車，才有可能贏得寶貴的生命，相對於死亡而言，這又何嘗不是一種成功和勝利呢？

局勢不明朗時如何因勢

要想透過謀勢達到利益的最大化，理想的做法當然是先辨明強勢、弱勢，並輔以借勢、造勢與蓄勢，然後乘勢出擊，以勢不可擋之氣勢一舉成就事業。但世間之勢，並非時時明朗。在局勢混亂、難以作出精確的判斷時，又該如何因勢？

彼得從小聰明好學，在愛德華國王學校唸書時，有一個外號：「無敵神童」。在他身上，有著天才們通常具備的那種個性 —— 遵從自己的價值判斷，不因世俗的偏見矇蔽自己的心靈。上大學時，他最初選修的是法律，但很快就發現，他喜歡當富商，而不是律師，於是，他只在法律系讀了兩週，便轉到商業系。

大學畢業後，彼得在英國陸軍服役，任排長之職。幾年軍旅生涯的磨練，他最大的收穫是學會了應該怎樣決策。他雖然沒有上過戰場，但多次的實戰演習告訴他，在很多情況下，指揮員只能依據殘缺不全的有限訊息決策，不足的部分，一半靠經驗，一半靠膽量，也許還有運氣。彼得對此心領神會，他總是能在別人舉棋不定的混亂局面中大膽拍板，很少有猶豫不決的時刻。這一素養成為他日後在商場中大顯身手的法寶。

　　從軍隊退役後，彼得進入英國石油公司工作。即使在這家人才濟濟的超級公司，他的才幹也顯得很突出。他膽識過人的鮮明個性，給人們留下了深刻印象。那些棘手的、具有挑戰性的任務，他們都喜歡交給彼得去做，而彼得總是能圓滿地完成任務。因此，人們送給他一個外號：「突擊隊長」。他的職務也屢獲升遷，幾年後，即被任命為商務部副總裁，全權負責北美業務。蘇伊士運河一直是英國石油公司的主要運輸航道。埃及和以色列之間的「六日戰爭」爆發後，蘇伊士運河被關閉，英國石油公司被迫改變航道，從非洲好望角繞行。這樣一來，船舶運輸問題就變得十分重要，公司為此緊急召回「突擊隊長」彼得，任命他為總經理特別助理，主管船舶租用與調度事宜。

　　一個星期六的下午，彼得正在家中休息，忽然接到租船部主任打來的一通緊急電話：「奧納西斯先生詢問是否租用他的油輪。他要求馬上答覆。」奧納西斯是著名的希臘船王，他的油輪因「六日戰爭」變得非常火紅，所以他開給英國石油公司的條件很苛刻：要嘛全部租用一年，要嘛一艘不租，而且價碼比平時高很多。奧納西斯的油輪總噸位高達250萬噸，全部租用一年，租金將是一個天文數字。租船部主任不敢定奪，所以打電話向彼得請示。

　　租？還是不租？彼得也感到迷惑。決策的關鍵是「六日戰爭」將延續多久。如果延續時間很長，運輸緊張的問題將會繼續加劇，無疑必須租用奧納西斯的全部油輪。但是，如果戰爭很快結束，高價租用大批超過需要的油輪，無疑也是一個重大損失。在當時的情況下，即使最老練的政治家也無法判斷戰爭

會進行到什麼時候，彼得當然也無法預知。那他應該如何決策呢？彼得覺得自己遇到了平生最難做出的一個決定，這就好像足球守門員撲救一個點球，無論撲向左邊還是右邊，都可能是錯誤的，儘管也可能是正確的。在這種情況下，就算召開董事會，也不可能商量出一個正確答案，這除了浪費時間和幫自己減輕決策責任外，沒有任何好處。於是，他把自己關在屋子裡，認真權衡得失。半個小時後，他終於做出決定：租！

他做出決定的理由是：假設租用了奧納西斯的全部船隊而戰爭很快結束，公司將蒙受重大損失；假設不租用奧納西斯的全部船隊而戰爭延續時間很長，公司的業務將面臨嚴重困境。前者是局部損失，而後者卻是大局受損。為保大局而冒局部風險無疑是值得的。

彼得的運氣不錯，隨著中東硝煙的久久不散，油船租金暴漲，船運異常緊張，英國石油公司卻未因這場戰爭受到太大影響。外行人看熱鬧，內行人看門道。彼得看似下賭注般的決策，其背後竟是大有乾坤。儘管上帝最終擲出了讓彼得大贏的骰子，但就算上帝擲的骰子不盡如人意，我們也應該為彼得在亂勢下所作的決策而鼓掌。因為，在局勢不明時，無論怎麼決策都無可厚非，敗得慘或贏得漂亮都有一定的運氣成分，但結果卻是以成敗論英雄。在進行這種「賭注」似的決策時，追求敗得不慘也許比追求贏得漂亮更為明智。

後來，彼得成為英國石油公司的靈魂人物，41歲那年，他榮登總裁寶座。

三十六計，走為上策

　　有時，進固然可喜，但退也同樣重要，盲目的只進不退無異於自殺。當然，盲目的只退不進也只是懦夫的表現，注定終生沒有出息。

　　退和進是有系統地結合在一起的，根據形勢變化，當進則進，當退則退，理應做出明智的抉擇。

　　戴維‧布朗，是一個美國最成功的電影製片人，他曾先後三次被三家公司解僱過。他覺得自己不適應在商業銷售的公司工作，就到好萊塢去碰運氣。結果若干年後，一舉發跡成為二十世紀福斯電影公司的第二號人物，後來由於他力薦拍攝《埃及豔后》這一耗資巨大的影片，造成了公司的財務危機，他被解僱了。

　　在紐約，他應徵出任美國圖書館副主任，但是，他跟上級派來的同僚格格不入，結果又被解僱了。回到加利福尼亞後，他又在二十世紀福斯電影公司復出，在高層做了六年。然而，董事會並不欣賞他所舉薦的電影，他又一次被解僱。布朗開始對自己的困境進行反思 —— 敢想敢說、勇於冒險、鋒芒畢露，不畏懼炫耀才能 —— 他的作為與其說是雇員，倒不如說更像老闆，他恨透了礙手礙腳的管理委員會和公司智囊團。

　　找到了失敗的原因以後，布朗告別了受僱生涯，開始獨自創業經營。他連續拍攝了《裁決》、《繭》等一系列優秀影片，獲得了巨大的名氣與收益。

　　當面對對方的堅固防禦、屢攻不克時，當對方過於強大，

而我方無法取勝時，最明智的選擇只能是選擇退卻。如果硬拚，勢必全軍覆沒；如果投降，也意味著徹底的失敗；即便能勉強求和，也只不過是在對方的控制下獲得一個苟延殘喘的時機。

軍事家講究以退為進，市場人士圖謀另找出路、在別的領域尋求發展良機，都是「走為上」的最好表現。

日本著名企業家松下幸之助說：「武功高強的人，往回抽槍的動作比出槍時還要快。與此同時，無論做經營，還是做其他事情，真正能做到不失時機地退卻者，才堪稱精於此道。」

值得引起大家注意的是，「走為上」中的「走」，並非消極的「敗走」，而是有易地而戰、從頭再來的意思。

易地而戰，是建立在對外部環境和對自己實力的理智判斷之基礎上。人生苦短，韶華難留。選準目標，就要鍥而不捨，以求「金石可鏤」。但若目標不適合，或主客觀條件不允許，與其蹉跎歲月、徒勞無功，不如學會放棄、「見異思遷」。如此，才有可能柳暗花明，再展宏圖。班超投筆從戎、魯迅棄醫學文，都是「改換門庭」後而大放異彩的楷模。可見，如果能審時度勢、揚長避短、把握時機，放棄既是一種理性的表現，也不失為一種豁達之舉。

從頭再來，是一種不甘屈服的韌性，是一種善待失敗的人生境界；從頭再來，源於對現實和自有的清醒認知，是對自己實力的一種肯定，是一種挑戰困難、挑戰自我的明智舉動；從頭再來，你一定要忍受失敗的苦楚，吸取失敗的教訓；從頭再來，總還要堅守自己心中的信念，相信堅持到底就是勝利；從

頭再來，是一種希望，是遭遇不測後忠實於生命的最好見證。

　　只要出現了這樣的結局，不管是勝是敗，是幸運還是厄運，客觀上都是一個嶄新的從頭再來。只要厄運壓不垮自己的信念，希望之光就一定能驅散絕望之雲。

　　從頭再來，說起來是一件輕鬆的事情，做起來卻並不容易。可是，一旦擁有的一切都化為烏有，除了從頭再來，還有什麼辦法呢？

第十章

案例分析 —— 看高手如何謀勢

謀勢最終是為了乘勢。善於謀勢，必須精於乘勢，這樣才能搶占先機，謀出新局面、創出新境界。只知謀劃卻不落實到行動裡，充其量只是一個「空想家」；只求「大刀闊斧」，一味蠻幹而不管時勢，也只是一個「莽夫」。這兩種人都成不了大事。只有把謀劃與行動有系統地結合起來，才能在機遇與挑戰的並存中做到堅定和醒悟，不僅能抓住機遇，而且能用好機遇。

本章所選的幾個謀勢高手，做事總是超出凡人一截，眼光總比凡人放得更遠。他們懂得放手做勢，不求一子一地的局部得失，而追求從整體上營造自己的勢力，以形成孫子所說的「若決積水於千仞之溪」的有利態勢，然後抱犄角與敵逐，自然就能穩操勝券。杜牧在《阿房宮賦》中說：「五步一樓，十步一閣；廊腰縵回，檐牙高啄；各抱地勢，鉤心鬥角。」其中所講的是園林建築之勢，與人生的布局謀勢道理大致相通。

崛起於亂勢的官商巨賈

胡雪巖生於西元 1823 年，死於 1885 年，在他生活的六十二年間，歷經道光、咸豐、同治、光緒四位皇帝的王朝統治。而這段時期，幾乎算是中國歷史上最腐敗無能的階段之一，對外屈辱喪權，對內殘酷剝削，整個社會動盪不安、戰亂紛起、怨聲載道、民不聊生。很多富貴人家都不能確保祖先的遺產，或破產、或被抄，淪為窮人的不在少數。而胡雪巖卻在這種形勢之下，從一個錢莊學徒起步，經過不懈的努力，成為影響朝野的官商巨賈、清末首富。他的成功就是乘勢的典型範

本，展現出一種在亂勢中謀勢的高超水準。

1. 乘勢而行

　　古人云「時勢造英雄」。胡雪巖對此深有體會，他說：「做生意，掌握時事大局是第一大事。」沒有相應的社會環境氣候，就沒有英雄成長的土壤和其他條件，真正的英雄人物必須能夠駕馭時局。胡雪巖就是這樣善於駕馭時勢大局的頂尖人物。胡雪巖經商理財，常從大處著眼，通觀全局。他善於把大局裝在心中，根據局勢發展隨時調整應對措施。他說：「做事情要如一句古語『與其待時，不如乘勢』，許多看起來難辦的大事，居然都順順利利地辦成了，就是因為懂得乘勢的緣故。」

　　我們說，在商業運作中，經營者的主動性當然是很重要的，優秀的商人要懂得從不同的角度來利用已有的條件，甚至要善於在各種因素皆不利於己的時候，設法改變不利因素，使之對自己有利。這就是我們所說的「造勢」。

　　不過，商業運作中所需的各種條件，有些是可以創造的，比如胡雪巖要透過「銷洋莊」（向來華外國人或歸國華僑推銷，也叫「作洋莊」）控制市場，就必須有聯絡同行的條件，這可以透過自己的努力來創造。但有些卻往往是人力無法創造的，比如在大多數情況下，政局的變化、市場的整體格局，就不是一個或幾個商人所能決定的。這時候商人唯一能做的，就是等待，靜觀其變，並且待機謀而後動。

　　如果說造勢是靠本事的話，那麼乘勢則要靠敏銳的眼光及

時發現機會，要靠手腕牢牢抓住機會，還要靠精神力氣把一個個被發現的或遇到的機會，經營成實實在在的財源。因此，胡雪巖才說：「做生意要有機會，更要靠紮實的本事。」胡雪巖剛開始做生絲生意時，正是全世界工業生產，尤其是紡織工業大發展的時期，絲綢紡織需要的原料大幅增加，洋人就需要從中國大量進口蠶絲，因而無論是做內銷，還是「銷洋莊」都能賺大錢。胡雪巖要做的生絲生意卻有些是偶然的機會發生作用，尤其是他發展的路上遇到各式各樣的人物，都對他產生了至關重要的作用。比如王有齡得到海運局坐辦的官缺，上任初始便遭到解運漕米的麻煩，請胡雪巖幫助自己度過難關，讓他有了奔走於杭州與上海之間的機會。他們奔走於杭州、上海之間，僱請的正是阿珠家的船，阿珠娘恰好懂一些蠶絲生意，又讓胡雪巖有了非常方便的請教機會。在解決漕糧解運問題的過程中，胡雪巖又有機會與漕幫建立良好的關係，並且結識了十分熟悉洋場生意門道的古應春。

　　對胡雪巖來說，最大的機會就是王有齡恰好調任湖州知府，湖州又是蠶絲的主要產地。這一切似乎都好像安排好了一樣，一環扣一環地發生了，使胡雪巖這個完全不懂蠶絲生意的門外漢竟然就順利地做起了蠶絲生意，進而又銷起「洋莊」，做起了蠶絲「外貿」。這一個個「巧合」實在是胡雪巖的「運氣」。但如果在這一個個「運氣」面前，胡雪巖沒有識勢、乘勢的本事呢？比如胡雪巖不具有能看出蠶絲生意大有可為的眼光，或者看到了，卻不懂得如何利用眼前的有利條件呢？再比如，如果胡雪巖沒有那種當機立斷、說做就做的膽識和氣魄，或者雖然知道要做但卻沒有合理調配人力、資金的能力，不知道該怎麼

做呢？

　　一個顯著的反證就是，信和錢莊的張胖子，與胡雪巖同行於杭州、上海，甚至比胡雪巖更熟悉江浙一帶的蠶絲經營。且當時的信和錢莊還是杭州最大的錢莊之一，資本比胡雪巖要雄厚得多，但他就是沒有想到去做這注定能發大財的生意。另一方面，胡雪巖經營蠶絲生意，無論是歷史的長短、經驗的豐富，還是實力的雄厚，都不如作為絲商巨頭的龐二。但胡雪巖一上手就想到聯合同業控制市場，操縱價格，在「銷洋莊」的生意中迫使洋人就範，而龐二做了那麼長時間的生絲生意，卻沒有想到如此做。

　　張胖子、龐二都沒有想到且應該去做的事情，胡雪巖不僅想到了，且毫不猶豫地做了。實際上，機會對所有人都是均等的，但重點就是人要有本事掌握，否則，這機會就不能稱其為機會了。胡雪巖之所以能牢牢把握一個又一個的機會，這就是他的本事。而擁有這種本事，不僅需要抓住生意場上的機會，還要勇於承擔必要的風險。胡雪巖的阜康錢莊開業時，大概是在太平天國失敗前後，透過接受太平天國兵將的存款進行融資的舉措，本身就有極大的政治風險。但這筆「買賣」風險大，獲利也大，因為這樣的存款不必計付利息，等於是人家白白送錢讓你去賺。因此，胡雪巖仍然決定大膽去做。

　　當然，胡雪巖的敢想敢做，絕不是閉著眼睛瞎矇，還是有能為他擋風遮雨的官場勢力為他撐腰，若出了什麼事也還是有人替他擔保。從這一點來說，胡雪巖的所謂乘勢，不過乘的是官勢，要不怎麼是「官商巨賈」呢？

2. 隨機應變

　　《孫子兵法》中曾說：「踐墨隨敵，以決戰事」。意思是說：在對敵作戰時，敵變我變，靈活地決定自己的作戰計畫，不能墨守事先定好的方式一成不變。兵家沒有萬古不變的勝戰之法，商家也同樣如此，不可能有長久通用不變的經營之道，必須具體問題、具體分析、具體對待，客隨主「變」，應時而變。一味墨守成規，則必將失敗。唯有審時度勢，以變制變，才能在商海中快速發跡且長立不倒。因此，胡雪巖才說：「店規不是死的，有些事不能通融，有些事可以改良。世界日日在變，做生意貴在隨機應變。」由此可見，胡雪巖靈活變通於官商之道最需要掌握的技巧，就是他魔術般的「變通」之術。

　　「我們做生意一定要做得活絡，移東補西不穿幫，就是本事。你要曉得，所謂『調度』，調就是調動，度就是預算，預算什麼時候進來，預先拿它調動一下，這樣做生意，就會走在他人的前面。」

　　胡雪巖這句至理名言：「做生意一定要活絡」。主要有兩層意思：一是不要死守自己熟悉的一方天地，要能根據具體情況去做出靈活反應；二是反應要迅速，想到了就要立即著手去做，不錯過任何一個機會。胡雪巖不僅這樣說，而且他的生意的確做得極為活絡。在他馳騁商場一步步走向鼎盛的官商之途中，靈活機動，四下出擊，真可謂是一步一個點子，一動一套招式，而招招式式都能替自己衍生出一條新的財路。

　　社會上有句流行的話，叫「這世界不是缺少美麗，而是缺少發現」，指的就是人們只要用心去找，必定可以成就自己。「發

現」，就是找到自己的財路，為此處處留心，善於發現，那就很容易為自己廣開生財之路。

　　為自己開拓財源，不僅要有精明的生意眼光，還要能看得準、看得遠，同時還要眼界開闊、頭腦靈活。所謂眼界開闊、頭腦靈活，簡單來說，就是不要死守著一個自己熟悉的行業，而是要善於在其他行業中發現可以開發的財源。也就是說，要時刻想著不斷地尋找新的投資方向，不斷地擴大自己的投資經營範圍。一個生意人如果只能看到自己正在經營的熟悉行業，最終只會是抱殘守缺，連正在經營的行業都不一定經營得好，更不用說為自己廣開財源了。

　　胡雪巖為了自己的蠶絲生意和幫忙王有齡湖州官府的公事，屢下湖州，結識了在湖州頗有勢力的民間大人物，正任湖州「戶房」書辦的郁四。胡雪巖憑著自己的仗義和豪爽，也因為他幫助郁四妥善處理了家事，深得郁四敬服。為了報答胡雪巖，郁四做主，讓胡雪巖娶了喪偶的芙蓉姑娘做「妾」。

　　芙蓉姑娘的娘家本來也是生意人，祖上開了一家牌號為「劉敬德堂」的大藥局。「劉敬德堂」傳至芙蓉姑娘父親一輩時也還有些規模，但她父親十年前到四川採買藥材，舟下三峽時在新灘遇險船毀人亡。她的叔叔外號「劉不才」，本來就是一介紈絝，極盡揮霍還特別好賭，接下家業不到一年就無法維持，藥局連房子帶存貨都典當給了別人，自己落得以借貸維生。不過這劉不才也有一點執拗，還有那麼一點顧及顏面的骨氣。比如自己窮困潦倒到極點，卻還堅持不同意侄女芙蓉嫁人做「妾」，說是我們劉家窮是窮，但也沒有把女兒嫁人做妾的道理。所

以，芙蓉再嫁後，他無論如何都不想認胡家這門親戚。再比如
潦倒歸潦倒，甚至已經到了借貸無門的地步，他也始終不肯拿
出自己手上的幾張祖傳祕方，以為只要祕方還在，「家底」就還
在，還想著有朝一日要重振家業。

胡雪巖娶了芙蓉姑娘，這位不想認親的劉不才當然也是一
個麻煩。對於嗜賭如命的叔叔既不能不管，又實在是沒法管。
當然，依照一般人的想法，這時的胡雪巖可以有兩個選擇：一
是按郁四的想法，送劉不才一筆銀子打發，今後不要再與他發
生任何關係；另一是按芙蓉姑娘的想法，由芙蓉勸說劉不才拿
出那幾張祖傳祕方，胡雪巖幫忙賣它萬把銀子，讓他自己去
過活。

然而，胡雪巖卻不這樣想。他一定要認了這門親，因為他
要借劉不才開一家自己的藥局。胡雪巖憑著自己敏銳的眼光，
一下子就看出經營藥局的生意今後一定是相當不錯的財源。因
為在亂世當中，一是軍隊行軍打仗，轉戰奔波，一定需要防疫
藥品；二是大戰過後必有大疫，逃難的人生病之後也要救命藥。
因此只要貨真價實，創立品牌，藥局生意就不會有錯。而且，
開藥局還有活人濟世、行善積德的好名聲，容易得到官府的支
持，在為自己賺錢的同時，還能幫自己取得好名聲，何樂而不
為？自己不懂這行生意不要緊，劉不才懂，只要能夠把他收
服，迫使他改掉身上的問題，就可以好好使用，而且他手上的
那幾張祖傳祕方也正好可以充分利用。這樣想好之後，胡雪巖
便請郁四幫忙，擺了一桌隆重的「認親宴」，就在這認親宴上便
談妥了藥局開辦的地點、規模、資金等相關事項。

胡雪巖的「胡慶餘堂」也就這樣開辦了起來。在其後的幾十年中,「胡慶餘堂」成為與北京「同仁堂」齊名的老字號藥局,不僅成為胡雪巖的一個穩定財源,也為他賺取了「胡大善人」的好名聲,連帶為胡雪巖的其他生意帶來了極大的正面影響。

一個錢莊老闆,在本業之外還要做蠶絲生意「銷洋莊」,在做蠶絲生意時又想開藥局,胡雪巖這種四面出擊,不斷為自己廣開財源的「活絡」,的確令人嘆服。事實上,做生意最沒出息的,大概就是死守著一方天地。因為一筆生意再大,也只能有一次的賺頭;一個行業再賺錢,也只有一條財路。顯然,要廣開財源,死守著一方天地是絕對不行的。因此,胡雪巖才說,做生意要做得活絡。當然,胡雪巖說的「活絡」,包括很多方面,但不死守一方,靈活出擊,而且想到就做,絕不猶豫拖延,應該是「活絡」二字的精妙所在。

3. 絕地求生

能夠順乎大勢,騰挪應對的一招一式,都能乘勢而行,能讓機會真正變成財源,而且即使身處逆境之時,也能順利擺脫困厄,絕處逢生。因此,胡雪巖認為:「『用兵之妙,存乎一心!』做生意跟帶兵打仗的道理差不多,除了看人行事、看人說話和隨機應變外,還要能從變化中找出機會,那才是真正的本事。」

商戰與兵戰一樣,其環境與態勢都是瞬息萬變的:它時而天高雲淡、風和日麗、秋月映湖;時而山雨欲來風滿樓、黑雲壓城城欲摧;時而電閃雷鳴、急風驟雨、天昏地暗。對於環境

的劇烈變化，久經沙場的戰將或歷經起落的商家們，往往習以為常，因為他們深信變化是絕對的，不變是相對的。只有無窮的變化，才會有無窮的機緣、無窮的魅力，才會引來無數英雄競折腰。

然而，變化之中有機緣，只能說明機會的存在，而更重要的是在變化之中發現機緣、掌握機緣。古人所說：「識時務者為俊傑」，何謂時務？不難解釋，時務就是指世事的發展變化態勢。識時務，就是指根據這種發展變化態勢去尋找、掌握機緣，決定自己何去何從。

我們說，任何事務的構成或運動的變化都是由系統內外條件和多種因素決定的。當某些條件和因素達到一定的排列組合和結構狀態時，只要從系統外部再加入一定的能量、訊息或物質，整個事情就會發生結構上的重大變化，而身處局內之人可能就會因此被捲入這一變化當中。即將發生變化的這一轉折點可以稱為「事機」。世事的事機對應著時間軸上的某一點，被稱為「時機」。事機和時機統歸於「時務」的範疇之中。時務在事機和時機之上，更具有被選擇、決策和行動的意味。抓住時機和事機去選擇、決策和行動，就能出現更高的工作效率，不僅時效高，效能大，運行的勢能強，而且實現預期目標的可能性也最大。世事在其發展過程中都存在時機和事機，尤其對人生選擇、經營決策、計畫實施等至關重要。能夠較準確地識別時機和事機的到來，並據此做出人生抉擇，即為識時務的俊傑。毫無疑問，胡雪巖就是善於從商戰變化之中尋找出機緣、識時務的俊傑之一。

　　清咸豐年間，太平天國運動席捲江南，占領了浙江省城杭州，巡撫王有齡上吊自殺，胡雪巖隻身得免，逃至上海。這次變故，讓生意正處於蒸蒸日上的胡雪巖，幾乎被逼入絕境。

　　第一，胡雪巖的生意基礎，如最大的錢莊、當鋪、胡慶餘堂藥局以及家眷都在杭州，杭州被太平軍占領，等於他的所有生意都將被迫中斷。不僅如此，他還必須想辦法從杭州救出妻兒老母。

　　第二，由於胡雪巖平日就遭人妒忌，而今又處戰亂之中，頓時謠言紛傳，有人說胡雪巖打著替當時遭太平軍圍困的杭州購米的幌子，騙走公款滯留上海；也有人說胡雪巖手中有大筆王有齡生前讓他經營的私財，如今死無對證，全部被他獨吞了；甚至還有人策劃向朝廷上奏胡雪巖騙走浙江購米公款，貽誤軍需國情，導致杭州失守。

　　第三，即使不被朝廷治罪，胡雪巖也不能順利返回杭州，因為失去了王有齡這個官場靠山，他的生意也將面臨極大的困難。他的錢莊本來就是因王有齡得以代理官庫而發跡的，而他的生絲「銷洋莊」、軍火買賣等，任一項都離不開官場大樹的庇護。胡雪巖在那個時代做生意，尤其是像他這樣的大生意，本來就不能沒有官場靠山。

　　一般人要是碰到這等劇變，大概也沒轍了，可是胡雪巖面對這一變故並不驚慌失措。為什麼呢？原來他已從這些不利的變化中，發現了可以利用的有利因素：

　　其一，如今陷在杭州城裡的那些人，其實已經在幫太平軍做事，他們之所以造謠生事，是因為太平軍也在想方設法誘召

胡雪巖回杭州幫忙善後，而那些人並不願意放他回杭州。他們造謠雖然對自己不利，但卻並非不可以利用。胡雪巖根據這一分析，確定了兩條計策：首先，他不回杭州，避免與這些人正面交鋒，胡雪巖知道他的態度一旦明確，這些人就不會進一步糾纏；其次，胡雪巖不僅滿足他們不讓自己回杭州的願望，而且還利用官場朋友，用更高明的一招。走門路請人寫了一紙公文，以他「浙江候補道兼團練局委員」的身分，上書閩浙總督。公文裡說，「我因為人在上海，不能回杭州，已經派人跟某某人、某某人聯絡，請他們保護地方百姓，並且暗中布置，以便官軍一到，可以相對接應。這批人都是地方公正士紳、秉心忠義，目前身陷城中，不由自主；將來收復杭州，不但不能論他們在那裡做過什麼職務，而且要大大地獎勵他們。」

　　這樣，如果那批人不肯就範，甚至真的做出不利於胡家眷屬的事，胡雪巖就可用這件公事作為報復，向太平軍告密，說這班人勾結清軍，衙門的回文便是鐵證，那樣一來，後果就可想而知了。這一招的確是狠！但本意是為了報復，甚至可以作為防衛；如果那批人了解到這紙公文是一根一點便可爆發的火藥，把人炸得粉身碎骨的導火線，自然不敢輕舉妄動。

　　胡雪巖的這一招，還是受王有齡跟他講過的一個故事啟發想出來的。這個故事是說康熙年間有位李中堂，他的同年陳翰林是福州人。這年翰林散館，兩個人請假結伴回鄉。不久就有三藩之亂，耿精忠響應吳三桂，在福州叛變了，開府設官，陳翰林被迫在耿軍中擔任職務。

　　開始時，李中堂也想在福州討個一官半職。而陳翰林卻看

出耿精忠恐怕不成氣候，便勸李中堂不必如此。而且兩個人閉門密談，定下一計，由李中堂寫下一道密疏，指陳方略，請朝廷速派大兵入閩。這道密疏封在蠟丸之中，由李家派人取道江西入京，請同鄉代為奏達御前。當初，李中堂與陳翰林約定，如果朝廷大兵到福建，耿精忠垮臺，李中堂當然就是大大的功臣，那時候他就可以替陳翰林洗刷，說他投賊完全是為了要打探機密，接應官軍。如果耿精忠成功了，李中堂這道密疏，根本沒有人知道；陳翰林依舊可以保薦他成為新貴。這真可說是個兩面討好的打算。

　　胡雪巖計策已定，便走門路請閩浙總督快速批示該公文，並由胡雪巖取得副本，而胡雪巖則請人將公文副本帶到杭州，交給那些「地方士紳」。胡雪巖的這封公文可說是把不利轉化為有利極高明的一招，既狠又狡猾，表面上看似給這些人一個交情，我胡某人已經替你們在官軍那裡講了好話，將來要是官兵收復杭州，他們可保無虞；暗地裡卻是把這些人推上一個隨時都可能引爆的火藥筒，因為如果他們膽敢與胡家老少過不去，那麼，對不起，胡雪巖只要把這封公文的副本送給太平軍，那可是「接應官軍」，其罪名足以被太平軍抄家滅門。

　　其二，胡雪巖此時手上還有杭州失陷前為杭州軍需購得的一萬石稻米。當初這一萬石稻米運往杭州時無法入城，只好繞道寧波，賑濟寧波災民，並約好杭州收復後，以等量稻米歸還，這也是一個可以利用的有利因素。為此胡雪巖決定，一旦杭州收復，馬上就會將這一萬石稻米運往杭州，這樣既可解杭州賑災之急，又顯胡雪巖做事的信義，誣陷他騙公款的謠言當

然就不攻自破。在實際運作中，胡雪巖不僅在杭州剛被清軍收復時，便將一萬石稻米運至杭州，而且直接向帶兵收復杭州的左宗棠手下將領交接，不但收到預期效果，更一下子得到了左宗棠的信任，將他引為座上客，並委他鼎力承辦杭州善後事宜。由此胡雪巖又攀上了一位比王有齡還有權勢的官場靠山。後來胡雪巖的紅頂官帽，就是這一舉措的直接效益。

胡雪巖靈活變通官商之道的一個明顯特徵，就是做事隨機應變，見機行事。愈到危急關頭，愈善於利用官場勢力，讓自己能絕處逢生。原來看似不利的因素，實際上成為胡雪巖日後重新崛起的機會，真可謂把不利之中的有利因素充分利用到了極致，靈活變通能如胡雪巖者，才真正是一等一的官商之道！

這裡的關鍵就是要隨機應變，要能在順境逆轉甚至陷入絕境時，仍沉著應對。面臨不利情況時，特別要注意冷靜分析整個時局，全面掌握所有的不利因素和有利因素，並且果斷地利用已有條件，一方面最大限度地利用有利因素，使有利因素的效力得以全面發揮，另一方面則要注意因勢利導，轉化不利因素為有利因素，由此找出反敗為勝的機會來。

能像胡雪巖這樣從變化中找到機緣，並最大限度地加以利用，正是一個大商人成功的必備素養。一次，胡雪巖與朋友古應春聊天，談起一件早該做而卻一直沒有機會去做的往事，就發了一番很有意味的感嘆。他說有許多事情該做而沒有做成，其實並不是不想做或沒有想好如何去做，而只是因為沒有讓你去做這件事的機會。想到了，但可惜「不是辰光不對，就是地點不對」，最終沒法去做。「譬如半夜醒過來，在枕頭上想到了，

總不能馬上起來做這件事，這是辰光不對；又比如在船上想到了，也不能馬上去做，這是地點不對。舉凡在這種時候、這種地方想到了，總覺得日子還久，一定可以了卻心願。想是這樣想，想過忘記，等於不想，到後來日子一長，這件事再想起來，也就無助於事了。」

胡雪巖的這一番話，的確講透了，機會在能不能最終做成一件事的過程中，有著至關重要的作用。人生中的確特別講究機會，一個人在一生中是否能夠獲得巨大的成功，要看客觀形勢是否提供了讓他成功的機遇，而具體到某一件事情的運作是否能夠成功，也要看機會是不是合適。換句話，也就是要盡可能在合適的時間、恰當的地點，再輔以合適的方式去做那件該做的事情，才有把握做成。

4. 廣播善名

古代有一句很流行的話，叫做「功自誠心，利從義來」。從胡雪巖的所作所為和成功來看，這種說法絕非虛妄，它比那些所謂「馬無夜草不肥，人無橫財不富」的庸人之論，更符合世道人心，也實在是高明許多。更為重要的是，胡雪巖給杭州捐米的舉措，無論從主觀上看，還是從客觀來看，都有盡快安定杭州、振興杭州市場的用意。在胡雪巖看來，杭州戰後的當務之急就是振興市場，而市場要振興，要旺盛，重點在於安定人心，安定了人心，市場也就隨之安穩了。不用說，民以食為天，杭州戰後糧食缺乏，只要糧食不走，人心就容易安定；人心安定，市場平靜，各種行業就能很快修復自己的秩序，人們

才能放心大膽地出來做生意。身為一個商人，能為安定市面盡一些力，於公於私，都有好處。所以，對於胡雪巖來說，獻出這一萬石稻米，「這是救地方，也是救自己」的大好事。

這也就是胡雪巖不同於一般人洞察時勢的眼光所在，正因為有這樣不同於一般的眼光，胡雪巖總是十分熱心公益，比如他定下的藥局送藥規矩；比如他把典當鋪當成窮人的錢莊；他要求劉慶生只要是能幫助朝廷平息戰亂的事情都要做等。胡雪巖就是要透過自己的努力，幫助維持局勢的安定，保持市場的平靜，從穩定的局勢和市場中利用自己的關係大賺其財。

當然，局勢是否安定，很多時候並不是商人自己可以做得了主，也不是光靠商人就能維持得了。但是，商人應該有幫助市場安定平靜的自覺性，要能想到在可以的時候，尤其是當自己賺了錢，甚至賺了大錢，有能力去做的時候，就去做點幫助維持市場的事情。因為，胡雪巖認為：「做生意就要這樣，幫官場的忙，就等於幫自己的忙。」畢竟，水漲船也高，有勢事易成。

一般來說，有錢人都想維持市場的平靜，而有些人則希望乘亂起事，趁火打劫。歷史上的人禍戰亂，大概都起源於星星之火。因此，對商人來說，幫助維持一方市場的平靜，既是幫官府和地方，也是在幫自己。深明此理的胡雪巖常說：「做生意賺了錢，要做好事。我們做好事，就是求市場平靜。」胡雪巖說的要做好事，絕不是虛構的，而是真的常做好事。他對於行善做好事，多是能做就做，而且從來都不遺餘力，絕不吝嗇。而他盡力去做的，往往都是有利於平民百姓、實實在在，且非常

實惠的好事。

　　比如胡雪巖在湖州的大經絲行開張不久的七月到了湖州。一到湖州，胡雪巖就吩咐他的絲行「擋手（經理）」黃儀做一件能夠給人實惠的好事：「做生意第一要市場平靜，平靜才會旺盛，我們做好事，就是求市場平靜。現在正是『秋老虎』肆虐的時節，施茶、施藥都是很實惠的好事。」胡雪巖向來做事果斷，所以馬上吩咐黃儀，「我們說做就做！今天就做！」黃儀知道胡雪巖的脾氣，做事要又快又好，錢花多花少無所謂，於是當天就在大經絲行門前擺出了木架子，木架子上放了兩個可裝一擔水的大茶缸，茶缸旁邊放上幾個有手柄的竹筒當茶杯，路人可以隨意飲用。另外絲行門上還貼了一張嶄新的梅紅籤廣告，上寫「本行敬送避瘟丹，諸葛行軍散，請內洽索取。」

　　如此一來，大經絲行門前一下子熱鬧起來，一上午就送出去兩百多瓶諸葛行軍散，一百多包避瘟丹。負責絲行經營的黃儀深以為患，晚上專門來找胡雪巖訴苦，一怕如此下去花費太多，難以為繼；二怕前來討藥的人太多，影響絲行的生意。

　　但胡雪巖仍然堅持照此辦理不輟，他的意思很明確，施茶、施藥是件實惠的好事，既已開頭，就要堅持做下去，再說絲已經收得差不多了，生意不會受太大的影響，前來討藥的人雖多，實際上也花不了多少錢。第一天人多是一定的，過兩天就好了，討過藥的人不好意思再討。再說，藥又不是愈多愈好的銀子，不要緊。

　　事實上，胡雪巖堅持施茶、送藥，不僅成了他絲行收絲時節必有的節目，而且後來還擴大到藥局。不僅如此，他還做了

許多好事，比如他出資修建碼頭，就是一大善舉。

胡雪巖曾在杭州城裡修建義渡碼頭，這是一個施惠於四方百姓的善舉。當時杭州錢塘江沒有任何橋梁，與杭州隔江相望的紹興，金華等統稱「上八府」一帶的人要到杭州城裡來，必須從西興乘擺渡船，到杭州望江門上岸進城。從西興擺渡過江，不管是「上八府」的人到渡口，還是下船上岸的人進城，陸路都要繞道而行，而從西興到望江門碼頭，水路航程長，風浪大很容易出事。胡雪巖生長在杭州，這些情況當然是知道的，據說他早就有設義渡的想法，但在他發跡以前，自然不會有力量來完成這椿心願。胡慶餘堂開辦之時，他的資產已達數千萬兩白銀，這時胡雪巖做的第一件事，就是修義渡。胡雪巖親自查勘選址，親自監督施工，在杭州三廊廟附近江面較窄的地方，修起一座義渡碼頭，讓過往的人直接由鼓樓就近入城。而且還出資修造了幾艘大型渡船，既可載人，還可載渡騾馬大車。胡雪巖規定，所有船客過渡，全部免費，四方百姓無不拍手叫好。

據史料記載，胡雪巖的一生的確做了許多好事，有些事情都成為成規、定律，比如時值戰亂年間，開設粥廠，發米票，天寒地凍之時施棉衣……直到他面臨破產的那一年，也沒有中斷。胡雪巖做的這些好事，使他在江浙一帶獲得一個響噹噹的「胡大善人」的名聲。

胡雪巖為一個「善人」的名稱如此散財施善，似乎有點讓人不能理解，因為生意人將本求利，一分錢的使用總得有一分利的回報才是正解。連胡雪巖自己都說：「商人圖利，只要划得來，連刀口上的血都敢舔。」而且「千來百來，賠本買賣不來」。

散財施善，分文不取，用自己從刀口上「舔」來的血僅僅換來一個「善人」的虛名，何苦呢？社會上，真正像胡雪巖那樣賺了錢能去做好事、善事者，實際上是許多生意人所不為的。

其實，胡雪巖說做生意賺了錢要做好事，正顯示出他超出一般人的見識和眼光。他之所以做好事，無疑有他行善求名，以名得利的功利目的，比如他自己就說過：「好事不會白做，我是要借此揚名。」胡雪巖做好事，的確不是與自己的生意一點關係都沒有。比如他修建義渡，實際上就是與他的藥局生意有關係，胡雪巖的胡慶餘堂藥局建在杭州城裡河坊街大井巷，本來光顧藥局的都是杭嘉湖一帶所謂「下三府」的顧客。義渡碼頭建成之後，從義渡碼頭進到杭州城裡，必須經過河坊街。這義渡碼頭不僅為胡雪巖揚名，同時也替來來往往「上八府」的人直接到胡慶餘堂買藥創造了條件，等於是無形中擴大了胡慶餘堂的市場。不過，胡雪巖做好事還有一個十分明確的目的，那就是「做生意第一要市場平靜，平靜才會旺盛」。因此，他行善行事實際上也是在「求市場平靜」。

總之，胡雪巖能將生意規模經營的很大，就源於他會謀勢，用通俗的話來說，他很會處事。而這一點，就相當於一個很會下棋的人，總能看到三步之外；但身為我們這些不會下棋的人，卻總是走一步看一步。所以，善謀勢者必成大事。

劉邦如何成就一世威名

日本學者司馬遼太郎在其著作《項羽與劉邦》中說，劉邦

的家可以說是一個極其普通的農民家庭，其家族成員甚至沒有正式的名字。而我們一直稱呼的「劉邦」也只有一個「劉」姓，「邦」很可能連名也算不上。

司馬遼太郎認為，「邦」在沛縣方言裡是哥哥的意思，有時也會叫姐姐「邦」。所謂劉邦，就是「劉哥們」的意思。

劉邦這個哥們最為有趣的地方，就在於他從小有名氣到聲名顯赫，一直都沒有改換過名字，而是一路將這「哥們」使用到底。最終「劉邦」就硬生生地成了正式的姓名，還成為中國歷史上一個大名鼎鼎的名字。

秦漢之際，風雲際會。劉邦憑藉一支僅有百餘人的起義隊伍，登上反秦的歷史舞臺，擊敗強大的競爭對手西楚霸王項羽，奪得西漢開國皇帝的桂冠，其中的奧妙是什麼呢？

1. 絕處逢生

劉邦生於戰國末年，是伴隨著戰亂長大的，秦統一中國後，他的家鄉改設為沛縣。秦朝在沛縣縣城附近，設置一種叫「亭」的機構，用來維持地方治安、傳遞朝廷文書等，當時叫泗水亭。劉邦到了壯年，經地方推舉，在泗水亭做一名亭吏，經過一段時間任職，後來被任命為亭長。

秦始皇死後，秦朝為他大興土木修建陵墓，所以向全國徵調勞役。當時的地方政府，必須配合秦王朝這種大規模勞役攤派工作。劉邦在接到徵調勞役的命令後，很不情願。

劉邦為什麼很不情願呢？因為這次的勞役是建築驪山陵，

是一件非常艱險的勞務工作，加上大家對過多的勞役本來就頗為反感，因此負責領隊去押運役夫是件危險的差事，萬一有人結隊逃亡，領隊也要連坐論罪。何況從沛縣到咸陽，有數千里之遙，跋山涉水、翻山越嶺，全靠兩隻腳，又要攜帶笨重的炊具及乾糧，日夜兼程，是件非常苦的差事。

隊伍一出縣城，便開始有人抱怨發牢騷了。有的人怒氣沖天罵縣令，說他心狠手辣；有的人詛咒差吏，說他們該斷子絕孫；有的人則唉聲嘆氣，訴說家中有白髮老母和弱妻幼子，家裡將無人支撐；還有的人淚水漣漣，擔心自己此去會不復返。

聽著這些人的議論，劉邦心中不免也感傷起來：「我雖為押解之人，但不過是個小小的亭長，如今和他們同向西行，跟他們又有什麼區別？去驪山修陵山高路遠，誰知一路上會出什麼事呢？家中父母年事已高，妻子兒女沒人照料。想當初老丈人說我有貴人之相，如今我都三十八歲了，卻還不知自己貴在何方，連妻子兒女都顧及不了，還有什麼好前途呢？」

劉邦一路上心事重重，沒想到走出縣城才三十多里，就發現少了好幾個人。原來，他們看劉邦臉色陰沉，只顧著自己想心事，他們本來就戀家心切，滿腹牢騷，加上感到前途茫茫，見到這種千載難逢的好時機，那些比較機靈的人，便趁劉邦不備偷偷地溜了。雖然發現有人逃跑，但因為監管的人員太少，山路又崎嶇複雜，實在也難以搜捕追逃。

這時的劉邦處於束手無策的境地，沒有別的辦法，只能繼續領著剩下的人往前走。

接下來，逃亡的人愈來愈多，劉邦也害怕了。他擔心這樣

下去，到咸陽恐怕只剩下他一個人了。這如何是好呢？若交不了差，身為押送官員，只能是死路一條。

怎麼辦？劉邦痛苦地陷入沉思。最後，他認為自己橫豎是難逃一死，與其坐以待斃，不如乾脆好事做到底，把這些人全放了。

有一天晚上，劉邦把那些役夫們手上和身上的繩索解開來，然後邀請他們喝酒。這些役夫們不知道到底是怎麼一回事，都有點害怕。

喝了一會兒，劉邦才對這些役夫們說：「喝完了酒，你們就自由了！都各自逃命去吧！我管不著你們了。」

有人感到不解，忙問：「此話當真？」

他說：「當真。」

「那你怎麼辦？」

「不要管我了，你們想回家的可以回家，但不能聲張，回家後也要找個安全的地方躲起來，等事情平息後再出頭露面。」

役夫們聽了之後心裡非常高興，對劉邦也十分感激，但他們仍不敢相信。因為按照當時的法律，這麼做劉邦非但性命不保，連九族都有可能殃及。

於是有人問劉邦：「我們走了，官府追究起來，你又該怎樣辦呢？你如何交差呢？」

劉邦沉思了一會兒，笑著說：「你們走後，我自有辦法，當然也不會坐著等死，也要找個地方躲起來。」

後來，絕大部分人逃跑了，只有十多個人沒有走。他們被

劉邦這種捨己為人的凜然大義所感動，都流著淚表示，願永遠
跟隨著他。

　　劉邦帶著眾人朝芒碭方向逃命。當時誰也不曾料到，以劉
邦為核心的小團體，居然如丟進過飽和溶液裡的晶體一樣迅速
壯大。

　　劉邦在沛縣受到了百姓們的一致擁戴，其原因當然與他私
放數百名勞役苦工有莫大關係。應該說，劉邦私放勞役苦工，
目的並不是為自己謀人氣，更多的原因是做個順水人情，反正
自己難逃一死，乾脆就為家鄉人民做點好事。

　　在劉邦和十多個追隨者躲在深山中時，陳勝、吳廣的起義
大軍正讓包括沛縣在內的東部地區百姓躍躍欲試。由於劉邦聲
望高，於是便被推舉為沛縣的起義領袖。劉邦很快就擁有了一
支上千人的隊伍。他們殺了沛縣縣令，加入反秦暴政的滾滾洪
流之中。

2. 造神運動

　　在這裡，我們有必要插敘一個故事。在劉邦私放勞役苦
工、率一行十多人在澤中小道逃跑時，一條大蟒蛇擋住了前面
的逃路。同伴們見到大蛇，嚇得要往回走。劉邦知道，往回走
一定會被官府逼兵殺死，此時已經義無反顧。他也不知哪裡來
的一股勇氣，一聲大喝：「壯士行，何畏！」說完拔出三尺青銅
寶劍，毫無畏懼地走上前去，將擋道大蛇斬為兩段。然後，帶
領同伴們繼續前進。

據說，當劉邦一行已經遠去，後面的役夫再經過此地時，卻發現有一個老太太在這裡號哭。後面的人問她為何夜晚在此哭泣，老太太竟說她的兒子本是白帝的兒子，化成一條蛇，在此擋道，如今被赤帝的兒子斬殺。眾人以為老太太在造謠惑眾，威脅說要打她，老太太卻忽然消失不見。這些人後來追上劉邦，要求加入他們的起義行列。原先的追隨者聽了此事之後，對劉邦更是崇拜，堅定了跟著劉邦做大事的決心。

劉邦斬白蛇起義，說自己是赤帝之子，現在看來八成是他自己炒作自己的，目的就是為自己造勢（其實就是造神）。這種炒作造勢的方法，劉邦不是第一個採用，也不是最後一個。早於他的有陳勝策劃的「大楚興，陳勝王」，晚於他的更是數不勝數了。這個造勢活動，後來還得到劉邦夫人的呼應。劉邦後來曾在公開場合問呂夫人：為什麼你總是能找到我呢？（當時劉邦流亡於山中）。呂夫人答：我看見天上有片祥雲呀，我順著祥雲找你，準沒錯！這種公開場合的一問一答，讓我們現代人難免產生演「雙簧」的懷疑。但我們懷疑沒有用，他手下的人偏偏就相信。因此，他的目的達到了。

3. 楚漢聯手

劉邦率領的起義軍，很快就發展成三千人的隊伍，在豐邑（今江蘇豐縣）和薛縣（今山東滕縣南）一帶，曾先後兩次擊敗泗水郡的秦軍。就在這時，劉邦的部將雍齒懷有二心，竟以豐邑叛降周市，劉邦聞訊立即還擊，卻未能攻取豐邑。眼前的事實證明：孤軍奮戰，難有作為。而且當時農民起義的形勢已經

發生變化，陳勝的起義軍在滎陽失利，不久陳勝被殺，起義的高潮遭受挫折，因此劉邦決定聯合項梁起義軍共同作戰。

項梁和項羽原在吳起兵反秦，陳勝被殺後，他們率起義軍渡江北上，逐步匯成以他們為主力的起義洪流。西元前 208 年 6 月，項梁在薛縣召集各路起義將領，共商聯合反秦事宜，劉邦應召參加。項梁決定立楚懷王孫心為王，把都城設在盱眙。這次會議改變了原來起義軍的策略，將各路義軍匯集成強大的力量，大大推動了反秦鬥爭。

薛縣會議之後，在項梁的指揮下，劉邦率領的起義軍，與項羽所率義軍聯合作戰，對秦軍發動了強大的攻勢。這年八月，劉邦、項羽在雍丘（今河南杞縣）大敗秦軍，殺死三川郡守李由，獲得了豐碩的戰果。項梁在東阿、濮陽、定陶也接連大破秦軍主力章邯。

起義軍凌厲的攻勢，沉重地打擊了秦王朝。秦二世傾全力增援章邯，加上項梁輕敵無備，結果被章邯夜襲定陶，項梁戰死，起義軍慘遭挫折。為了保存實力，避免被秦軍各個擊破，正在攻打陳留的劉邦和項羽以及呂臣率領的義軍，東撤至彭城（今江蘇徐州）一帶集結，楚懷王也遷都彭城。同時，為了適應新形勢的發展，起義軍內部重新作了調整，將呂臣和項羽兩支義軍合併，由楚懷王指揮，又任命劉邦為碭郡守，指揮碭郡的義軍。從此，劉邦與項羽各自獨立指揮一支起義軍。

秦軍主將章邯擊敗項梁後，立即率軍渡黃河北上擊趙，趙王歇被迫退守鉅鹿（今河北平鄉西南），又遭秦將王離的包圍，只好求救於楚。楚懷王派宋義、項羽、范增北上救趙，牽制和

消滅了河北的秦軍主力；又派劉邦西進攻打咸陽，威脅秦王朝的統治，而且約定「先入定關中者王之」。

宋義率軍北上，因懾於秦軍聲威，在安陽滯留不進，被項羽殺於軍中。於是，項羽「破釜沉舟」，發動著名的鉅鹿之戰，使秦軍損失慘重，秦將蘇角被殺，王離被俘，章邯只好退至棘原，與漳水南的義軍對峙。

項羽大戰鉅鹿，把秦軍主力牽制在河北，為劉邦西進咸陽創造了十分有利的條件。劉邦正是利用這種有利的形勢，接連在西線和南線展開軍事攻勢，獲得節節勝利。西元前 208 年 9 月，劉邦從碭郡率軍西進，由於兵力少，只好採用游擊戰。他在陽城擊敗秦軍，又在成武大破東郡尉。接著，在途中又收編隊伍四千餘人。

西元前 207 年 2 月，劉邦北擊昌邑未下，決定率軍西攻。過高陽（今河南杞縣西南）時，高陽人酈食其認為，義軍人力、物力很弱，進攻關中太危險，建議先奪取軍事重鎮陳留，獲得城中積粟，解決西進義軍用糧問題，劉邦言聽計從。

當時，由於秦朝在函谷關一線設防，投入的兵力比較強大，因此劉邦選擇敵人力量比較薄弱的地帶，決定從武關進攻咸陽。西元前 207 年 4 月，劉邦率軍南下，進占潁川。兩個月後，他與張良出轅（今河南登封西北），大破南陽郡守齮。南陽郡守退到宛城，劉邦聽從張良的建議，連夜行軍回師，把宛城重重包圍，迫使南陽郡守齮投降。

劉邦攻下宛城之後，解除腹背受敵之憂，進軍勢如破竹。大軍到達丹水（今河南淅川西南），秦將王陵等投降。就在劉邦

率軍直指武關的時候，秦將章邯在殷墟（今河南安陽）投降了，形勢發展對劉邦進軍咸陽極為有利。

西元前 207 年 9 月，劉邦攻取武關，又揮師繞過武關，越過蕢山，在藍田（今陝西藍田）大敗秦軍，形成兵臨咸陽的局面。西元前 206 年 10 月，劉邦率軍到達灞上，秦王子嬰投降，秦王朝在農民起義浪潮中瓦解了。在夾縫中表現，在困境中生存，這是謀勢者時常面臨的任務。劉邦投靠「項家軍」後處處受他人牽制，只有在戰場上立功，以求更大的發展。西征的重任落在他的肩上，這是形勢所造成的。一路上，他結交了大盜彭越、酈食其，謀士張良，在他們的幫助下，運用懷柔策略，不費一兵一卒，順利抵達武關。揚己之長，避己之短，以他人之長補己之短，這是劉邦的最大優點。

4. 屈伸有度

劉邦進入咸陽後，蕭何首先接收秦丞相府的重要圖籍，有利於掌握全國策略要地、戶口及各地的經濟情況。接著，在張良和樊噲的勸說下，好色重財的劉邦克制住自己的衝動，封閉秦的府庫財物，對於宮中的美女也秋毫不犯。為了建立「王師」的美譽，劉邦嚴令手下不得擾民。後來，劉邦乾脆將軍隊撤出咸陽，陳軍灞上。他還召集關中父老豪傑，與其「約法三章」：「殺人者死，傷人及盜抵罪。余悉除去。」這些措施贏得了民心，為他後來擊敗項羽，建立漢王朝產生了深遠的影響。

與此相反，項羽進入關中，燒殺掠奪，大失民心。西元前206 年 12 月，項羽擊敗秦軍主力後，率四十萬大軍進入函谷

關，駐軍於今陝西渭南西南，以優勢的兵力與劉邦形成對峙的局面。當時劉邦處於劣勢，為了贏得時間與空間，劉邦不得不親赴鴻門言和。雙方鉤心鬥角，在表面上的友好氣氛中聯袂上演了一場驚心動魄的鴻門宴。項羽的謀臣范增主張擊殺劉邦，免得留下後患，但項羽沒有聽從。劉邦在張良、樊噲的幫助下，順利地逃回灞上。項羽就這樣錯失了一個絕佳的機會，為他將來身首異處種下了禍根。氣憤的項羽率軍進入咸陽，殺子嬰，燒秦宮。接著又分封十八個諸侯王，自立為西楚霸王，建都於彭城。又把劉邦封為漢王，把他支得遠遠的，去管轄巴、蜀、漢中等地。項羽的所作所為，使關中人民大失所望。由於分封不公，又引起諸侯王的不滿。劉邦因項羽毀了「先入定關中者王之」的約定，並把自己的封地設在交通不便、歷來作為流放犯人的巴、蜀、漢中之地，更是怒不可遏。

項羽鉅鹿之戰一舉鏟平秦軍，成為天下無敵的英雄，他分封諸王，只給了劉邦一個小小的漢王。不僅如此，還派了三個秦朝降將帶兵牽制劉邦。如照楚王之約，劉邦本應為「關中王」，但現在不但沒做成「關中王」，而且連封地都變了，於是劉邦大怒要與項羽拚命。在眾謀士的勸說下他又忍住了，並且休養生息，為此後成就大業打下基礎。如果當時劉邦不忍，而衝動地帶兵與項羽交戰，勝負可想而知。

蕭何當時就勸諫說：「雖說稱王於漢中是件壞事，但總還是比一死要強些吧？」「何至於一死？」劉邦反問道。蕭何回答：「如今我們的兵力遠不如項王，如果交戰必將是百戰百敗，怎會不死！那種能屈於一人之下而伸於萬乘大國之上的，正是

湯王、武王這樣的人。願大王稱王於漢中，長養人民，招納賢士，收用巴、蜀地區的物力和人力，還兵平定三秦，如此便可以圖謀天下了。」

蕭何精闢地分析了天下形勢後指出，在敵我力量對比懸殊的情況下，攻擊項羽只能是死路一條。為此，蕭何舉出歷史上湯武二位聖王如何在困境中暫時「屈於一人之下」而後來又「伸於萬乘之上」的事例，來寬慰和提醒劉邦，讓劉邦的一時激憤頓時化為烏有。在此基礎上，又為劉邦提出了一條「養其民以致賢人，收用巴、蜀，還定三秦，天下何圖」的十九字正確路線。這十九字箴言，點亮了劉邦心中的明燈。

5. 韜光養晦

就這樣，劉邦鬱悶地走在通往封地的棧道上。

棧道是一種先穿鑿岩壁、再用圓木作支柱而建架成的人工通道，只能容幾人行走，大隊人馬及輜重很艱難地從上面過去。有些棧道的木頭已經老化，承受不了過重的重量，必須先動用軍力修復、加固，有的地方還要拆掉重建，因此工程十分巨大而又艱難。

棧道的底下是千丈深谷，一不小心掉下去，便立刻粉身碎骨。尤其是有些特別艱險的地方只能容一個人單獨通過，所有的糧食、器具、武器都必須用人力背過去。所有行人只能沿著山路逐步攀爬前進，那些體力虛弱或過分粗心的人，往往一不留神就會墜落在千丈的深谷中，連屍體都難以尋找到。

不久，劉邦要求張良先回韓王處，待得到韓王同意後，再回漢中輔佐劉邦。張良也欣然答應，並暗中建議劉邦焚燒經過的棧道。這樣一方面可阻絕外面兵力的侵入，一方面也可向項羽表示，劉邦已無意再回中原爭霸，以麻痺項家軍。

范增派來的密探很快地向項羽密報了這個消息，項羽也因而放鬆了對劉邦的防範心理。

從軍事謀略學角度來分析，劉邦、張良燒毀棧道的舉措，屬於韜晦之計的範疇。「韜」字的本意是弓袋，引申為掩蔽、斂藏的意思；「晦」則是陰暗不明的意思。所謂「韜晦」，就是把自己的才能、打算等隱藏起來，以瞞人耳目，欺騙對手。

劉邦與張良合謀燒掉棧道，的確是極為高明的韜晦策略。這一策略的高明之處在於，它不僅進一步麻痺了項羽，使其放鬆了對劉邦的最後一點警惕，而且也有效地防止了其他諸侯國及亂兵盜賊的襲擊。

當時，在推翻暴秦的戰爭中形成的各個軍事集團，以項羽的勢力最為強大，特別是在鉅鹿之戰後，項羽的軍事力量達到了巔峰狀態。他自稱西楚霸王，分封諸侯，為天下宰，不可一世。但是，他卻始終有一個潛在的敵人，那就是劉邦。

從表面上看，劉邦的實力不如項羽，實際上他的潛力卻比項羽要大。

從資歷來講，劉邦與項羽原本都是同時起義的義軍領袖，而且曾經同屬義帝的臣僚，他們在身分上本來就難分高下。從功勞來看，劉邦在反秦鬥爭中，同樣立下了很大的功勞，特別是他率先攻入關中，更是其他諸侯所無法比擬的。從素養來

看，劉邦寬厚大度，善於用人，有政治頭腦，比項羽要高出許多。所有這些，都讓他有能力、有條件與項羽爭霸天下。

因此，項羽對他懷有戒心，處處進行限制，甚至企圖把他封閉在漢中、巴蜀的崇山峻嶺之中，永遠不得東歸，這是很正常的事情。

從當時總體形勢來看，劉邦卻遠遠不是項羽的對手，根本沒有能力與項羽公開抗衡。在這種情況下，劉邦唯一可取的策略就是用韜晦之計。他一方面要忍耐，設法麻痺項羽；一方面要暗中發展自己的勢力，養精蓄銳，等待時機。

從後來事情的發展結果看，劉邦的韜晦之計是成功的，他的上述目的也隨之達到了。據《史記‧留侯世家》記載，張良回到韓國後，項羽因張良跟著漢王劉邦去了趟漢中的緣故，不讓韓王和張良留在自己的封國，而將他倆一塊帶到了彭城。張良對項羽說：「漢王把棧道都燒毀了，已經不打算東歸了。」

項羽果然從此不再擔憂西邊的劉邦，而是放心發兵向北攻打齊國去了。

恰恰就在這個時候，劉邦在大將韓信的策劃下，明修棧道，暗度陳倉，一舉消滅了項羽留在關中的三個諸侯王，將關中據為己有，從而拉開了與項羽爭奪天下的序幕。

無論是范增也好，項羽也罷，把劉邦「壓制」到巴蜀之地，其實是一個嚴重的失策，竟在無意、無知中讓劉邦得到一個進可以攻取關中，退可以禦敵於「門」外的良好立國之地。

巴蜀位置偏遠，道路難行，是諸侯多不願意去的地方，而實際上這是大錯特錯。巴蜀一帶，也是中國文化發展較早的

地區之一。這裡不僅土地肥沃、氣候適宜、資源豐富、經濟發達，而且自春秋至秦末一直未曾遭到戰爭的破壞。

更為重要的是，這裡四面高山聳峙，中間平原寬廣；陸有劍門之障，水有三峽之險；東扼長江，實為吳、楚咽喉；北越秦嶺，可以直搗關中——軍事上可攻可守，實為一良好的立國之地。

漢中的策略地位同樣重要。項羽原本沒有把漢中封給劉邦。但深謀遠慮的劉邦卻透過賄賂項伯，由項伯出面向項羽請求加封到漢中。

劉邦自在漢中拜韓信為將後，後者一出「漢中對策」，劉邦便豁然開朗，既看清了自己的實力，也看清了項羽的弱點，於是他便採取韜晦之術，故意在漢中裝作一副無所作為的樣子，暗中卻將東征計畫全權委託給韓信。劉邦之所以能在這麼短的時間內重新復出，主要是他從和韓信的「漢中對策」中受到了啟發，真正做到知己知彼。

6. 建立霸業

要建立霸業，先要將霸主打下擂臺。

西元前206年8月，劉邦依從張良、韓信之計，明修棧道，暗度陳倉後，一舉攻取「三秦」，拉開四年楚漢相爭的序幕。劉邦利用項羽在城陽與田榮會戰之機，從臨晉（今陝西大荔東）渡黃河，擊敗魏王豹，奪取河內（今河南武涉西南）。又針對項羽放殺義帝，號召諸侯王討伐項羽。西元前205年4月，劉邦率

諸侯兵 56 萬攻楚，占領楚都彭城。正當他在彭城慶功的時候，項羽乘其不備，率精兵三萬人奪回彭城。漢軍死傷無數，劉邦只帶數十騎逃跑，連自己的父親及妻子都成了楚軍的俘虜。

這年 5 月，劉邦蒐集餘部，退至滎陽固守。當時許多諸侯王相繼反漢投楚，楚漢在滎陽、成皋一帶相持達兩年之久。

為了打破這種相持的局面，劉邦大力經營關中，使之成為支援戰爭的鞏固之力。首先，他解決關中反漢的諸侯王問題，迫使章邯自殺，平定了雍地。其次，派蕭何守關中，制定一系列法令，包括戶口、運輸、調兵等，保證前線的補給。

西元前 205 年 8 月，劉邦派韓信、曹參北上破魏，平定了魏地。兩個月之後，又派韓信、張耳擊趙，大破趙軍於井陘口（今河北井陘北）。至此，漢軍北翼的壓力解除了，又給項羽造成極大的威脅。

同年 11 月，他又派人南下九江，去說服項羽的鼻將英布歸漢。英布果然起兵攻楚，既削弱了項羽的力量，又解除了漢軍南翼的威脅，壯大了破楚的實力。

與此同時，劉邦又派劉賈、盧綰率兩萬兵馬，深入楚軍後方，幫助彭越焚燒楚軍的糧草軍需，從後方給項羽造成威脅。

西元前 203 年 10 月，韓信破趙之後，又縱兵攻齊，占領臨淄，給項羽極大的壓力。

至此，漢軍從策略上完成了對項羽的包圍，劉邦轉弱勢為強勢，項羽幾面受敵，楚漢力量對比發生了根本的變化，雙方對峙的局面被打破。項羽不得不與劉邦相約，以鴻溝為界，中分天下，鴻溝以西屬漢，以東為楚。

　　當項羽準備引兵東歸時，劉邦聽取張良、陳平的建議，決定乘項羽兵乏糧盡，一舉滅楚。在西元前 202 年 12 月，劉邦大會諸侯兵，與項羽決戰於垓下。項羽被重重圍困，只得帶八百騎突圍。劉邦發現後，派灌嬰率五千騎追擊。項羽退至東城（今安徽定遠縣東南），便在烏江（今安徽和縣東北）自刎身死。

　　這一年，劉邦登基，建立西漢政權。

7. 壯士悲歌

　　李清照有詩云：「生當作人傑，死亦為鬼雄；至今思項羽，不肯過江東。」在很多人眼裡，項羽是個忠肝義膽的豪傑。他叱吒風雲的偉業，所向披靡的戰績，在秦漢交替之際掀起了澎湃的浪潮。曾幾何時，舉世共仰，千秋景慕。項羽因之而成為歷代王朝倍加推崇的人物，著實為後人所景仰。

　　然而，項羽畢竟又是一個悲劇式的歷史人物。他的悲劇，不僅是歷史的悲劇，也是個性的悲劇。問題恰好在於，項羽的個性不能替自己謀勢，他對敵不狠、對友不仁，剛愎自用，四面樹敵，想不失敗都難。而劉邦並不是什麼「英雄」，但他能成事，能依靠謀士為他謀勢，所以後人說：「世無英雄，遂使豎子成名。」

　　項羽首先執著於他所謂的「義」，而這個「義」也恰恰演繹了他的個人悲劇。古人云：「義者，宜也。」又云：「行而宜者謂之義」。可想而知，只要行之得當，言而得體，便可稱其「義」。然而，「義」是沒有一個絕對標準的。項伯為報救命之恩，向張

良通風報信，可稱得上「義」，可此舉客觀上卻幫助了劉邦，使得沛公在鴻門宴中能化險為夷，此舉又謂之「不義」。兩強相鬥，不是你死就是我亡，項羽卻不忍弒殺劉邦，縱虎歸山，實乃對敵人「義」而對自己的「不義」。項羽立劉邦為漢王，把他分封到偏遠的巴蜀之地時，項羽仍是強勢。有謀士對項羽說：「劉邦乃是大王的心腹之患，應當設法除之，今日劉邦勢弱，他不敢違抗大王，可一旦形勢有變，大王豈不養虎遺患嗎？」項羽自信道：「我一旦為王，劉邦就不可翻身，天命在我，哪裡會變呢？」過分自信的項羽，就這樣最後一次錯過了滅掉劉邦的機會。項羽的「婦人之仁」與「義」的本質是背道而馳的。項羽重義而輕理，常常出一些有違自毀優勢的昏招，令大好的時機失去，讓大好的形勢逆轉。項羽的個性悲劇還表現在他的剛愎自用。韓信開始在項羽麾下，他「言不聽，謀不用，故倍楚而歸漢」；陳平效力於項王，「累諫不受，乃封其金與印，仗劍亡，歸漢於武」。此二人均有經國之偉略，濟世之才能，然而卻不能被項羽所用。亞父范增，盡心盡力，鞠躬盡瘁，亦未免被猜忌。最後，明修棧道，暗度陳倉的是韓信；七出奇計，困項羽於垓下的是陳平；十面埋伏，逼項羽走江東的是張良；烏江渡口取項羽頭顱的竟然是項王「故人」王翳。項羽的剛愎自用，終於讓自己飲下了「四面楚歌」的惡果。可以說，過分借重於武力而忽視謀勢，也是造成項羽個性悲劇的一個重要原因。

四處樹敵是項羽最終失勢的一個至關重要的因素。項羽等把暴秦推翻後，雖然擁楚懷王為義帝，但自己卻大權在手。大權在手的項羽行事乖張，對諸侯王或廢或殺，全憑自己的喜怒行事。韓王韓成沒有建立軍功，項羽便不准他到封地去，把他

帶到彭城,廢王為侯,不久又把他殺死。項羽此舉大失人心,面對人們的議論,項羽不屑一顧地說:「自古王者主天下,百姓之言又有何用?我勢傾天下,不服者只有死路一條!」不久,諸侯屢有反叛項羽者,天下一時紛亂不休,又有人向項羽進言說:「大王以強勢壓人,雖可一時取勝,但絕非長久之策。眼下諸侯反叛,形勢已非從前,大王當改弦更張,安撫他們。」項羽暴跳如雷,他拒絕改變主張,仍以鎮壓為手段,東征西討,窮於征戰。漢王劉邦見形勢不變,急與蕭何商議說:「項羽處處樹敵,身陷苦戰,我等若趁此良機起事,當有勝算啊!」蕭何極力贊同,他鼓勵劉邦道:「項羽不知勢易,仍恃強凌弱,這是他自取滅亡之道。大王窺破天機,起兵討伐,必有大功。」於是劉邦起兵,打敗章邯,降服司馬欣和董翳,占領了三秦之地。項羽焦頭爛額,氣憤得要死,他要親率大軍討伐劉邦,他手下將領苦勸說:「天下諸侯紛紛反叛大王,大王不可以一味征討了。形勢大變,大王當思量別策,方為良謀。」項羽咆哮道:「強者生,弱者死,只有消滅劉邦,才是真正的良謀。我不會用什麼別策,我不能讓劉邦小看我啊!」項羽派兵抵抗劉邦東進,又自己領軍攻打反叛的齊國。劉邦雖然多遭失敗,但項羽盡失人心,實力不斷受到削弱……。

「力拔山兮氣蓋世,時不利兮騅不逝。騅不逝兮可奈何,虞兮虞兮奈若何。」項羽的臨終悲吟無疑已成為千古絕唱。前兩句是說自己雖然勇力超群,英雄蓋世,卻仍不能掌握自己的命運。歌的基調悲涼低沉而又不失英雄本色,但將失敗歸結於時運不濟,而不能體認到自己在謀勢上的致命錯誤,則不免到死尚不知醒悟。

形勢是充滿變化的，因勢而變是成功者的制勝要訣，「雨未來，風先至，不知其理，焉能存留？」度勢不可因循守舊，更不可固執偏見，隨時保持高度的警醒和調整才不致錯判。特別對自身強大者而言，占有一時的強勢並不能代表永遠都會這樣，所以，人不僅要有謙卑之心，還要正確估量自己，勿生驕縱之心。事實上，強者更需在度勢上做到主動、自覺，否則，優勢便會漸漸失去，直至敗亡。善於謀勢者，擊築高唱《大風歌》：「大風起兮雲飛揚，威加海內兮歸故鄉，安得猛士兮守四方」。不善於謀勢者，只能慷慨悲吟《虞美人》。真是「可奈何」、「奈若何」！

春秋動盪中的謀勢高手

西元前 651 年，隨著晉國國君晉獻公的逝世，權力出現停擺，於是一幕幕充滿血腥的宮廷政變便拉開了序幕。卿大夫里克與邳鄭等人聚眾而亂，先殺幼君奚齊，再殺幼君卓子，最後逼殺輔政大臣荀息。晉國就這樣陷入了無君的局面。

國不可一日無君。流亡在外的晉國公子重耳與夷吾得知本國大亂後，均有意回國力挽狂瀾。與此同時，晉國東面的齊國、西面的秦國兩大列強也對晉國垂涎欲滴，也想趁晉國內亂這一大好時機，圖謀干涉晉國內政，以達到控制晉國的目的。在內憂外患的交織之下，晉國的命運如同飄搖在大海上，暴風雨中的一葉孤舟，隨時都會沉沒。

里克和邳鄭發動血腥政變之後，就火速派人前往狄國，打算請自己看中的公子重耳回國即位。另一方面，身在梁國的公子夷吾也接到了國內支持者的通報，以呂甥、郤稱為代表的一部分卿大夫一致推崇公子夷吾繼承君位。這樣，晉國內部在立誰為新君的問題上分裂成完全對立的兩大派系，一派是以里克、邳鄭為首的「重耳派」，一派是以呂甥、郤稱為代表的「夷吾派」，兩大派別都為了各自的利益明爭暗鬥。晉國內政繼續混亂。

秦穆公雖說是晉獻公的女婿，但兩人的關係很不融洽。晉獻公在世時，曾把女婿非常看重的策略通道南北二虢一口吞下。這筆帳，在女婿秦穆公心中可是記得很清楚的。至於晉齊關係，也絲毫好不到哪裡去。齊桓公和晉獻公也是翁婿關係—— 只不過這次是晉獻公為婿而已，但翁婿不和睦的情況一點也不比晉獻公與秦穆公遜色。晉獻公死前的幾個月，齊桓公定周襄王之位，然後又大會諸侯於葵丘，為的就是經略西北、拉晉獻公入盟。晉獻公得到齊桓公的邀請之後，卻跟東周方面的反齊勢力勾搭在一起，走到一半又掉頭返回，狠狠的耍了自己的老丈人一把，導致葵丘大會失敗。這筆帳，岳父大人齊桓公可是一直記在心裡，早就想找個機會整治整治這位好女婿了。誰想到晉獻公剛從葵丘回來沒幾個月就死了，死後晉國又發生了內亂。這下可好，女婿、老丈人都磨刀霍霍，打起了晉國的主意。更要命的是，這兩個打主意的人又都是不可一世的英雄。

老泰山齊桓公依然按照他的一貫強勢作風第一個出手。精

兵強將悉數調集，大隊人馬遠涉西北，以平息晉國內亂為名攻
入了晉國。

　　毫無疑問，晉國當時的局勢非常混亂：內部公卿不和的困
擾、外部的武裝入侵，形勢如此發展下去，後果難以預料。
當務之急是要盡快確立新君，穩定國內局勢，不然就算國家不
在兩個公子支持者的對抗中被毀掉，也會被齊、秦兩強宰割分
食。就這樣，問題的關鍵就轉移到了到底該立誰為國君上來。

1. 重耳拒絕即位

　　據史書記載，晉獻公生前共有九子，此前太子申生和奚
齊、悼子三人已死，剩下的六子當中，另外四人典籍裡提及不
多，可能都是些年齡不大、沒有堅實後臺的小兒子。剩下的重
耳和夷吾兩人最有可能繼承君位，重耳和夷吾是同父異母兄
弟，而且他們的母親是一對親姐妹，都是晉國大夫狐突的女
兒，一同嫁給了晉獻公。狐突有北方游牧民族狄族的血統，重
耳和夷吾自然也有狄人血統。當年太子申生自殺，重耳和夷吾
也遭到晉獻公的追殺。重耳駐守的蒲城被攻破，他帶著一幫手
下逃奔到了狄國。夷吾駐守的二屈破城時間較晚，二屈整整撐
住了晉軍一年的進攻，到了第二年才被攻下。手下覺得兄弟兩
個如果在同一個地方避難，時間一久難免會起爭端，所以夷吾
沒去母舅之國，而是西渡黃河投靠了梁國。

　　宮廷政變中的死者屍骨未寒，里克就急忙派人去狄國，邀
請重耳回來做國君。有重臣里克等人的支持，看起來重耳順

利登基的勝算極大，所以重耳很想答應，但遭到手下第一謀士狐偃的反對。狐偃是重耳、夷吾兩公子的舅舅，重耳出逃時，狐偃隨他一起來到狄國。在重耳的隨從中，狐偃是最重要的一員，地位相當於首席大軍師。接到里克的邀請之後，重耳自然要與舅舅商量。

狐偃給了重耳這樣一番回答：「喪亂有小大。大喪大亂之剗也，不可犯也。父母死為大喪，讒在兄弟為大亂。今逼當之，是故難。」意思是，喪亂有大小，大喪大亂時必須特別謹慎，千萬不能行偏踏錯。現在你的父君死了，問題當然嚴重，你們兄弟倆又爭得厲害，當然是大亂。你想在這一淌渾水中撈一把，恐怕很難成功。

狐偃對眼下的亂局看得相當悲觀，他認為晉國的局勢將難以預料，回國即位困難重重，甚至充滿危險。狐偃的考慮是很有深度的，首先，當時晉國內部的卿大夫分歧嚴重，而且呈對立兩派的狀況，稍不留神就有可能爆發新的流血事件。其次，當時卿大夫中勢力最盛的是里克，提出接重耳回國的也是里克，但這個里克是什麼人呢？是一個連弒二君、逼殺獻公託孤重臣、一手挑起內亂的強臣、權臣，他跑來邀請重耳絕不是出於對重耳的忠誠，而是想借推立新君來擴張自己的權力。與這樣一隻虎狼打交道，豈不是與虎謀皮？到頭來誰吃誰還不一定呢！里克能殺死兩位幼主，一旦事態有變，難道就不能再殺掉重耳嗎？再次，眼下晉國新君的嗣立問題，實際上已不僅是晉國自己的事，也不是晉國自己就能決定的，此事也遭到外部勢力的干涉。君位屬誰，不但受到晉國內部各政治派別鬥爭的影

響，而且必然為外界大國政治所左右。重耳有能力擺平國內的反對派嗎？有能力壓服里克這個大強臣嗎？有能力抵抗齊、秦兩強的干涉嗎？如果沒有，回去幹什麼？連自己的生死命運都得不到保證，還提什麼即位？

狐偃幾句話，就把當時晉國的混亂局面整理得條分縷析。重耳聽了覺得非常有道理，於是出於對國內各大派別的不信任，也包括對里克的不信任，同時出於對齊、秦兩強行為的不可掌握，便毅然回絕了來使。

重耳出於自保心理，放棄了繼承君位的機會。於是，這誘人的權杖就只有交給夷吾了。

2. 夷吾以賂得國

相比重耳擁有里克的重臣支持，夷吾也有自己的優勢。根據《國語》，引夷吾的老師郤芮對夷吾的評價：公子夷吾從小就不喜歡遊戲，做事情很有分寸，從不過分，有怒氣也從不顯露於表面，這一特點到他長大以後也絲毫沒有改變。不好弄戲、怒不及色，說明夷吾從小就頗有思想，城府很深；而且待人接物很有一套，所以「無怨於國，而眾安之」，國人不論與他是親是疏，對他印象都很好，更別說有什麼仇家了。

重耳起先雖得到里克的支持，但里克並不是他的心腹死黨，所以重耳的優勢其實沒掌握在自己手裡，反而有受人擺布的危險。相比之下，夷吾的支持者雖不及里克那麼強大，但卻都是自己的心腹死黨，他們都甘為夷吾赴湯蹈火，其中有代表

性的人物主要是呂甥和郤稱兩人。宮廷流血事件之後，呂甥和郤稱經過一番商量，作出了兩項安排：首先，派人去梁國知會夷吾，而且重點是讓他一定要獲取秦國的支持，借助外力增強自己的實力；其次，自己在國內遊說，在大夫會議上提議請秦國幫助晉國確定新君人選。

流亡在外的夷吾得到此消息後，也找來自己的老師郤芮商量。郤芮認為，當下的形勢十分混亂，國內的大夫根本沒有可以依靠的，已經亂成一團，但身逢亂世，危機與機遇並存，所以力主夷吾回國爭位。郤芮為夷吾想了一招：用國家所有的財富來賄賂國內的反對派和外面的強國，以贏得他們的一致支持，事成之後再根據情況另作打算。夷吾依計行事，暗中向本來支持重耳的里克、邳鄭許諾，說事成之後以汾陽之田百萬賜封於里克，以負蔡之田七十萬賜封邳鄭。反正自己還不是國君，一無所有，用不屬於自己的東西換來反對派的支持又有何不可？對內許賂立刻見效，里克和邳鄭順水推舟，馬上轉而支持夷吾。

同時，呂甥和郤稱又在國內大力造勢，以國人意見不一、沒有一致決定為由，提出請秦國幫助晉國定立新君。晉國的大夫們吵得面紅耳赤也吵不出個所以然來，已是一籌莫展。此外，最有利的競爭者中又有一人已經自動棄權，僵持下去也不會有什麼結果；而本來支持重耳的里克一黨也已一改初衷轉而支持夷吾。再者，由秦國決定君位誰屬，也能避免秦國再在晉國元君的情況下對晉國不利。所以，大家都同意呂甥他們的意見。事不宜遲，大家都擔心日久生變，於是立刻遣使趕赴秦

國，請秦穆公定奪。既然是晉人請秦國對晉國新君人選作出抉擇，秦穆公當然也很重視，馬上召集大臣商議。商議結果，先派人對兩位晉公子進行考察，看看立誰為君才對秦國最有利。

秦穆公派自己的兒子公子縶（字子顯）去考察。公子縶來到狄國，向重耳表明了來意。重耳當然很想回國即位，於是找舅舅狐偃商量。狐偃依然反對。他認為其他的公子與重耳都有同等資格，立誰不立誰自己根本做不了主，秦國打的什麼主意只有天知道，不能單憑僥倖心理去冒風險。所以重耳這次依然表示拒絕。公子縶又來到梁國，見到夷吾。與畏首畏尾的重耳不同，夷吾對奪位一事已是成竹在胸，他馬上向秦國公子表明了心跡，而且明確地告訴了他自己這邊已經是勢在必得了。他對公子縶說：「我已經向里克和邳鄭許諾了，事成之後以汾陽之田百萬賜封於里克，以負蔡之田七十萬賜封邳鄭，他們現在都站在我這邊了。像我這樣流亡在外的人本來就一無所有，如果能讓我回國祭祀宗廟，安定社稷，當然不會計較什麼國土。如果秦君能幫我一把，事成之後，我願意將河西五城雙手奉上。到那天，秦君如果東遊至黃河之上，就不會再有什麼難辦的事了。我願執鞭牽馬，跟隨在秦君車駕之後。」同時，夷吾拿出了大量的金銀財寶賄賂公子縶。

夷吾是一個城府很深的人，他吃定了秦穆公和國內的那幫大夫。里克、邳鄭一干人等不過是唯利是圖之輩，根本沒有堅定的立場，只要滿足了他們的貪慾就能輕鬆搞定。至於秦穆公，自從他在出關口的爭奪中輸給了晉獻公之後，一心所想便是奪回此策略要地，夷吾早看透秦穆公心裡那點算計了。面對

公子縶，夷吾首先明確告知對方，自己已經在國內大夫中獲得了絕大多數實力派的支持，統一了國人的意見，以此表明自己爭位的優勢；然後又許以河西五城為賂，這正說到了秦穆公的心裡。秦晉兩國以黃河為界，黃河以西即今陝西省東部的亞城本屬晉國，現夷吾以河西五城許賂，意在表示願意將原本晉獻公設置在秦國頭頂上的那一大塊前沿陣地拱手轉讓給秦國，秦國因此可將邊界東推至黃河，與晉國劃河分治，而崤函、桃林一帶的通道也將由兩國共有，對秦國來說，這實在是太有誘惑力了。

對於秦穆公最終的決定，《國語》作過一番記載，說公子縶完成對兩名晉公子的考察，回國覆命。秦穆公起先打算立重耳，他覺得重耳有德，但公子縶勸他立夷吾。公子縶的理由是：「仁有置，武有置。仁置德，武置服。」意思是說，別國確立新君分為兩種：一是置仁，目的在於彰顯自己的仁德，贏得一個好名聲；二是置武，目的在於彰顯武威，為的是獲得實際益處。置仁就立一個有德的君主，置武就應該立一個好控制的人。公子縶認為夷吾比之重耳欠缺的是德，但卻好控制，所以認為應該立夷吾。

其實，重耳放棄繼承君位，絕非什麼道德高尚，根本的原因是在於膽怯與謹慎。他面對困難無所適從，眼看國家混亂不堪只有選擇逃避。夷吾以許賂的方式換來反對派和秦國的支持只是情勢所需，也並非因他無德。夷吾在國家內憂外患之時能準確分析各方勢力的心理，把他們全部看透，而且一眼就明白秦穆真正所想，巧施手法，換來支持，用心之深非重耳可

比。這樣的人又怎麼會好控制呢？事後的發展也證明，秦國根本別想透過幫助晉國立新君的方式實現對晉國的控制。

夷吾盡國力以賂內外，不但謀取了國內反對派的支持，也獲得了秦穆公的鼎力相助，甚至還獲取了齊國的認同。在齊、秦兩國軍隊的護送下，夷吾順利回國，繼承了君位，這就是晉惠公。

3. 惠公背信棄義

晉惠公夷吾依靠「許賂」繼承君位，即「以賂得國」。當時晉國的軍政大權並不掌握在他自己手中，而是被里克、邳鄭等人組成的小集團把持。里克連殺二君，是逼死託孤大臣的虎狼，以他為核心的大夫集團勢力非常強大，除他自己和邳鄭之外，還有號稱七輿大夫的七名前太子申生的舊部。不說其他，光是晉國的軍隊就全部掌控在里克一黨手中。晉國共有上、下兩軍，上軍本由晉獻公親自掌控，此時已落到里克手中；下軍本由太子申生掌控，七輿大夫正是下軍的 7 名掌兵大夫。面對里克一黨，晉惠公不但毫無本錢，反倒一上臺就欠了他們一百七十萬畝田的許賂。

但晉惠公是一個非常有心計的人，他即位以後，首先做了兩件事。一件事是背棄割地給秦的許諾，派人到秦國致歉，說：「始夷吾以河西地許君，今幸得入立。大臣曰：『地者先君之地，君亡在外，何以得擅許秦者？』寡人爭之弗能得，故謝秦。」婉轉地表達了不能割地給秦的意思。第二件事是除掉里克等本來

殺死奚齊另立國君的人。最先要對付的是里克，不但不封給他原來許諾的汾陽之邑，而且把他手中的權也奪了。過後還不放心，害怕里克也故伎重演，迎立依然流亡在外的公子重耳，就下令讓里克自殺。惠公對里克說，如果沒有里克，他當不了國君；但是，里克殺過奚齊，有這樣的人為臣，國君就沒法當了。里克絕望地說：「不有所廢，君何以興？欲誅之，其無辭乎？乃言為此！臣聞命矣。」只得伏劍而死。除掉里克以後，夷吾還害怕他的同黨興風作浪，又尋機將那些當初與里克同謀的人一齊殺死。做完這兩件事，惠公解除了他的內憂外患，可是國內人心已經徹底離散。

晉惠公認為重耳在外籠絡諸侯，遲早是晉國的禍害，不如趁早把他們也除掉。郤芮推薦勃鞮除掉重耳。於是，惠公便把勃鞮召來，賞以重金，並答應說，殺死重耳後，還可給他個大官做。

重耳得知此事後，只好離開了弱小的狄國，開始了一段艱辛的流浪生涯。歷經了無數顛沛流離後，他們來到了勢力頗強的楚國。

重耳在楚國居住期間，晉國發生了一件大事。西元前638年，公子姬圉聽說他的父親病重，生怕別人搶了君位，也沒跟秦穆公打招呼，就偷偷跑回晉國去了。原來，晉惠公在西元前645年與秦穆公的戰爭中大敗，險喪性命，勉強保全性命後不得不把已成為太子的姬圉作為人質抵押在秦。秦穆公看到作為人質的太子即將回晉做國君，就把女兒懷嬴嫁給了他。第二年晉惠公一死，太子圉做了國君，即是短命的晉懷公。懷公一上

臺，就和秦國斷絕來往，秦穆公罵他是個忘恩負義的小人，同時派出人手打聽公子重耳的下落，欲扶重耳回晉即位。

4. 重耳大器晚成

秦穆公尋找重耳的消息傳到楚國，楚成王對重耳說：「我們楚晉兩國，遠隔萬水千山。楚國要你回國，困難很大，現在秦國派大將公孫枝來迎你入秦。秦晉相鄰，只隔一水，是你最好的去處。」重耳對楚成王的這一安排，感激萬分，於是便帶著那一班謀臣，跟著公孫枝到秦國去了。

重耳到了秦國，拜會了秦穆公。穆公見到重耳後非常高興，不僅熱情款待，還提出要把女兒懷嬴改嫁給他。這下可讓重耳困窘了，一來，自己已經老了；二來，公子圉是自己的侄子，伯父怎能娶侄媳婦呢？懷嬴也哭著不肯，說：「我是公子圉的妻子，還能改嫁給他的伯父嗎？」

然而，政治婚姻是不會隨弱勢群體的意志而改變的。落難的貴族與遭遺棄的準王后最終還是拗不過秦穆公，結合在一起了。

就在這時，晉懷公害怕重耳復國，便下了一道命令：凡是跟隨重耳的人，限三個月返回晉國，過期不歸，全家問斬。狐毛和狐偃的父親是狐突，狐偃是重耳的舅舅，因違命被晉懷公殺死了。

西元前 636 年，秦穆公決定派兵護送重耳回晉國做國君。穆公和百里奚、公子縶、公孫枝等率領兵車四百多輛，一直送

到了黃河邊上，秦穆公分一半人馬送公子過河，留一半人馬在對岸接應。這一年，重耳登上了國君的寶座，成為歷史上有名的晉文公。

這個曾流亡國外 19 年大器晚成的晉文公，以 62 歲之高齡掌握了晉國的最高權力。在位時間僅僅八年就離世，卻創出了一番驕傲的事業。晉文公即位後，首先大力改進生產工具，施惠百姓，獎勵墾殖，發展生產，並下令降低關稅，吸引鄰國商人入晉，互通有無。其次大批昭雪和起用被惠、懷二公沉淪的舊族，同時十分注意任用和提拔出身微賤而才能俊異的人，團結新舊貴族，使晉文公為首的統治集團內部和諧，社會生產得到長足發展，這就為他建立霸業做好了準備。周襄王二十年，晉文公在城濮（今河南開封縣陳留附近）誘敵深入，大敗楚軍，凱旋在踐土（今河南滎陽東）主盟諸侯，繼齊桓公之後而為春秋諸侯霸主。

5. 兄弟皆不簡單

穿透歷史的迷霧，重新審視春秋時期的晉惠公、晉文公兄弟兩人，發現他們都是謀勢的高手。基於晉國當時內亂外擾的危急形勢，年長於夷吾的重耳因為對於國內支持自己各大派別的不信任，也包括對里克的不信任，同時出於對齊、秦兩強行為的不可掌握，拒絕了貌似誘人，實則危機四伏的王位。對於混亂形勢的認知，同樣流亡在外的夷吾絲毫不比重耳少。夷吾同樣清楚，如果回國，必將艱險重重。但夷吾因為有自己的死黨，有一定本錢挺身而出，於是他完全可以且應該回國穩定

局勢。這樣，即滿足自己當國君的野心，又可免國家被諸侯所圖。他們當時的選擇都是對的。

也許有很多人不齒於晉惠公出爾反爾以及恩將仇報的行徑。但政治本來就是複雜的，更不用說兩千多年前那種特定的歷史時期了。在國家危難之際，夷吾以自己的智謀奪得君位，事後對內剷除貌似功臣的奸臣，對外維護國家領土完整，如此作為對晉國社會的穩定和發展的確造成了正面積極的作用。他身後背上背信棄義的罵名，只不過是一些局外人吃不到葡萄說葡萄酸而已。

晉惠公殺里克一黨，拒絕割讓河西之地給秦，這些行為乃出於鞏固君權、穩定社會，以及保有國家發展權的考慮。身為特定時期的君王，這樣做實在是太必要了。尤其是河西五城，它對晉國來說實在很重要，誰將它拱手讓人，誰就是對國家犯罪。

晉惠公在亂勢中獲得王位，和一幫豺狼打交道，當然要用些非常手段。因為亂中取勝，注定晉惠公在登基後還要花費很多精力來理順各種關係，擺平各種勢力。因此，他在位期間的政治活動，主要是圍繞著國君的寶座。

而後來的晉文公重耳，因為有秦穆公的鐵心支持，直接把他扶上王位。晉文公成功登上王位的把握是百分之百，對於局勢的操控也比十五年前要有力得多。晉惠公本來就不得人心，其子晉懷公更是連他父親都不如，一個很好的局勢就這樣擺在重耳面前。

晉惠公、晉文公兄弟鬩牆，他們也許都沒想到，他倆居然

「聯手」打造了晉國的輝煌。惠公身為惡人，把障礙掃平；文公身為仁者，把霸業確立。他們都善於在亂勢中明勢、因勢、造勢、蓄勢、乘勢。總之，他們都無愧於「謀勢高手」四個字。

官網

國家圖書館出版品預行編目資料

歷史「勢」件簿，你該學習的權謀之術：英雄造
時勢，要當就當掌握全局的梟雄，別當落荒而逃
的狗熊！/ 李人豪，肖勝平 編著 . -- 第一版 . --
臺北市：崧燁文化事業有限公司 , 2023.01
　　面；　　公分
POD 版
ISBN 978-626-332-926-3(平裝)
1.CST: 成功法
177.2　　111018755

歷史「勢」件簿，你該學習的權謀之術：英雄造時勢，要當就當掌握全局的梟雄，別當落荒而逃的狗熊！

臉書

編　　著：李人豪，肖勝平

發 行 人：黃振庭

出 版 者：崧燁文化事業有限公司

發 行 者：崧燁文化事業有限公司

E-mail：sonbookservice@gmail.com

粉 絲 頁：https://www.facebook.com/sonbookss/

網　　址：https://sonbook.net/

地　　址：台北市中正區重慶南路一段六十一號八樓 815 室

Rm. 815, 8F., No.61, Sec. 1, Chongqing S. Rd., Zhongzheng Dist., Taipei City 100, Taiwan

電　　話：(02)2370-3310 傳　　真：(02) 2388-1990

印　　刷：京峯彩色印刷有限公司（京峰數位）

律師顧問：廣華律師事務所 張珮琦律師

定　　價：350 元

發行日期：2023 年 01 月第一版

◎本書以 POD 印製